Nürnberger Erinnerungen 10

Helmut Beer

Nürnberger Erinnerungen 10

Rund um die Altstadt
Nürnbergs Vorstädte

HOFMANN VERLAG · NÜRNBERG

Abbildungsnachweis:

MAN-Archiv, Augsburg: S. 12 o. und u., 13
Siemens-Archiv, München: S. 169
Fa. Bischof und Broel, Nürnberg: S. 187
Hösel, Nürnberg (priv.): S. 160

Alle übrigen Fotografien stammen aus dem Stadtarchiv Nürnberg, Bild-, Film- und Tonarchiv.

Hofmann Verlag, Nürnberg

Gesamtherstellung:
Hofmann Druck Nürnberg
 Printed in Germany 1998
Schutzumschlag: Volker Hahn, Nürnberg
ISBN 3-87191-253-0

Auslieferung an den Buchhandel: Edelmann, Nürnberg

Beim Erscheinen dieses zehnten Bandes der Reihe der Nürnberger Erinnerungen ist es bis auf wenige Tage genau 100 Jahre her, daß Nürnberg von einem Tag zum anderen sein Stadtgebiet um mehr als das Vierfache vergrößerte: In der Neujahrsnacht von 1898 zum 1. Januar 1899 wurden 13 bis dahin selbständige Vororte wie Gibitzenhof, Gleißhammer, Erlenstegen, Schoppershof und Mögeldorf nach Nürnberg eingemeindet. Damals wurden aus Lichtenhofern, Großreuthern oder Schweinauern wirkliche Nürnberger. Tatsächlich erhielt Nürnberg mit diesem Schritt erst die Grundlagen für die großstädtische Entwicklung, obwohl es sich bereits seit 1881, als die Zahl seiner Einwohner die 100 000 überschritten hatte, Großstadt nennen durfte. An dieses so wichtige Datum zu erinnern, war zwar nicht Anlaß, aber eine gute Gelegenheit für dieses gleichfalls ein gewisses Jubiläum darstellende zehnte Buch aus der Erinnerungen-Reihe des Hofmann-Verlages und dafür, sich diesmal den Nürnberger Vorstädten zuzuwenden.

Nürnberger Erinnerungen, das sind für die meisten ohnehin Erinnerungen an ihre Kindheit und jungen Jahre, Erinnerungen an dort, wo man aufgewachsen ist, an Gostenhof, Steinbühl, Wöhrd, Gibitzenhof oder Johannis, an die Schulen, Spielplätze, Straßen und Häuser, wo man gelebt hat oder auch noch wohnt oder arbeitet. Schon um 1900 hatte nur noch ein knappes Fünftel der Nürnberger die Wohnung innerhalb des Mauerrings, der weitaus größte Teil lebte in einer der alten oder neuen Vorstädte. Heute ist das Verhältnis noch viel krasser – gerade noch 16 000 der rund 480 000 Nürnberger, das sind gerade mal drei Prozent, wohnen in der Altstadt. Das ist zwar glücklicherweise immer noch viel gegenüber anderen Großstädten – dennoch haben sich die Gewichte gegenüber der Eingemeindung von 1899 deutlich weiter verschoben.

Natürlich haben die meisten Menschen, wenn der Name Nürnberg fällt, das Bild der historischen Stadt vor Augen, die Burg, das Dürerhaus oder die schönen Kirchen – Nicht-Nürnberger sicherlich noch mehr als die Einwohner selbst. Aber auch die meisten Nürnberger werden, sollen sie einem Fremden eine Vorstellung von ihrer Stadt geben, zunächst diese Sehenswürdigkeiten anführen ebenso wie ja auch fast alle Bildbände über Nürnberg ihren Schwerpunkt üblicherweise auf die

Nürnberger Altstadt, ihre Baulichkeiten und Kunstschätze legen. Das ist verständlich, gehört der historische Stadtkern doch immer noch, obwohl es sich ja genau genommen nur um eine neue Wiederaufbaustadt handelt, zu den schönsten unter den deutschen Großstädten. Eher rar sind die fotografischen Ausflüge in die die Altstadt umgebenden Vorstädte, die mit ihr seit der Mitte des letzten Jahrhunderts zur modernen Großstadt Nürnberg zusammengewachsen sind.

Von daher war es für mich von besonderem Reiz, diesen Band zusammenstellen zu können. Klar war mir natürlich, daß das nicht ohne Risiko ist. Dieser Eindruck hat sich während der Arbeit an dem vorliegenden Band massiv verstärkt. Dieses Risiko liegt darin, bei der Beschränkung des zur Verfügung stehenden Platzes, den verschiedenen Stadtteilen und den Erinnerungen ihrer Bewohner gerecht zu werden. Wie soll man mit gerade mal zehn oder fünfzehn Bildern von Steinbühl einen Steinbühler zufriedenstellen, von den Johannisern oder Mögeldorfern ganz zu schweigen. Jedes Viertel ist oder war – in der Vergangenheit wohl noch stärker als heute – ein Kosmos für sich. In der Beschränkung erkennt man den Meister, ich habe mich bemüht und fürchte dennoch die Kritik der zu kurz Gekommenen. Glücklicherweise liegen ja inzwischen immer mehr Veröffentlichungen vor, die die einzelnen Stadtteile genauer unter die Lupe nehmen. Von daher bitte ich dieses Buch als einen Versuch zu verstehen, das Zusammenwachsen und die Besonderheit der heute zum Stadtkern gewordenen Viertel zu skizzieren. So beschränkt sich unser visueller Spaziergang auch auf die 1899 schon vorhandenen oder neu hinzugekommenen Stadtgebiete. Der Rundgang beginnt in der alten Vorstadt Wöhrd und endet, gegen den Uhrzeigersinn die Altstadt umkreisend, auf der anderen Pegnitzseite in Mögeldorf.

Ich danke Herrn Günter Hofmann dafür, daß er mit diesem Buchprojekt das geschilderte Risiko auch verlegerisch eingegangen ist. Den Mitarbeitern des Verlags schulde ich Dank für die freundliche Unterstützung. Meiner Frau Eva bin ich einmal mehr verpflichtet für ihre Hilfe beim Korrekturlesen und ihr Verständnis, wenn der Autor sonntags oder nächtens wieder unbedingt noch aufbrechen mußte, um die eine oder andere Fotografie oder Hausnummer vor Ort in Schweinau, Gostenhof oder sonstwo zu klären. Aber es hat auch Spaß gemacht, ihr und mir. Das wünsche ich auch dem Leser.

Helmut Beer

„... größer als Berlin“

Die Mehrzahl der Fotografien dieses Buches entstand zwischen 1900 und 1925. Wie auch der größere Teil der später fotografierten Bilder zeigen sie Straßen und Gebäude aus schon damals zurückliegenden Zeiten. Die Gegenwart wurde oft nur fotografiert, wenn es darum ging, den Fortschritt, die modernen Errungenschaften und Einrichtungen der Stadt vorzustellen, wie z. B. die vielen vor dem Krieg entstandenen großen Schulpaläste, den „wilden“ Verkehr am Plärrer oder das nach dem Krieg dort gebaute Hochhaus als Symbol dafür, daß es wieder aufwärts ging. Viele unserer Fotografien entstanden gewissermaßen im Vorstadium des Fortschritts, vor dem Niederreißen der Vergangenheit, etwa dem Abriß der alten Bauernhäuser in den Vorstädten. Eine Vielzahl der Bilder der ehemaligen Bildstelle der Baubehörde wurde bewußt angefertigt als letzte Dokumente bevor – das war meist längst als notwendig erkannt – die Spitzhacke angesetzt wurde. In den Kriegsjahren, als die Bombenteppiche dies auf andere Art erledigten, erhielten die städtischen Fotografen ab 1942 noch kurzfristig den Auftrag, auch die Vorstadtstraßen in großen Überblicksperspektiven zu fotografieren, was man bis dahin eigentlich noch nicht getan hatte. Es sind meist keine besonders guten Bilder, man arbeitete sichtlich unter Zeitdruck – zu Recht, denn nicht selten standen viele der fotografierten Häuser nur noch ein paar Tage oder Wochen. Den Bildern in diesem Buch ist gemeinsam, daß sie Dokumente des Wandels sind für den Zeitraum der Großstadtwerdung Nürnbergs in den Jahrzehnten vor und nach 1900. Die Schauplätze dieser Veränderungen waren die rings um die Altstadt neu entstehenden Vorstädte. Aus Bauerndörfern, Gärten, Feldern und auch schon aus Teilen des Reichswaldes wurden städtische Straßen und Plätze. Natürlich gab es diesen Stadtwandel auch in der historischen Innenstadt, insbesondere auf der Lorenzer Seite – nachhaltiger als es manchem Altstadtfreund von heute lieb gewesen wäre. Doch die entscheidenden Entwicklungen lagen außerhalb der Ringmauern, dort siedelten sich die Industrien an, die das Tempo und den Rhythmus der Veränderungen vorgaben und in wenigen Jahrzehnten Hundertausende neuer Bewohner zu den Arbeitsplätzen in die Stadt zogen, die dann Wohnungen benötigten, Schulhäuser, Wirtshäuser, Kirchen und Straßenbahnen, schließlich auch Krankenhäuser und große Friedhöfe.

Die in diesen Jahrzehnten gelegten Stadtstrukturen bestimmen noch heute unser Leben. In den damals geschaffenen Stadträumen, den neu angelegten Straßen, manchmal sogar in den damals hochgezogenen Häusern leben wir noch. Die folgenden Fotografien liefern kleine Ausschnitte des um die Jahrhundertwende sich immer schneller entfaltenden Urbanisierungprozesses. Die Grundlagen dafür wurden mit den Eingemeindungen von 1865 und vor allem von 1899 gelegt.

Als Nürnberg, einst die Reichsstadt mit dem größten Landbesitz unter den deutschen Städten, im September 1806 in das bayerische Königreich eingegliedert wurde, bestand das Stadtgebiet nur noch aus der innerhalb der Stadtumwallung gelegenen Fläche. Schon zehn Jahre vorher, am 30. Juni 1796 hatten preußische Truppen das Gebiet bis unmittelbar an die Stadtmauern besetzt. Die alten

Nürnberger Vororte wie St. Johannis, Gostenhof oder Wöhrd, aber auch Mögeldorf und Schweinau gehörten die nächsten zehn Jahre zum Königreich Preußen, ihre Bewohner wurden preußische Untertanen.

Erst im Jahre 1825 wurde in einer ersten Aktion der größte Teil des ehemaligen Burgfriedens mit Gostenhof, Wöhrd, St. Johannis, Galgenhof, die Gärten bei Wöhrd und hinter der Veste sowie Teile von Rennweg, Steinbühl, Sündersbühl und Gleißhammer (St. Peter) nach Nürnberg eingemeindet. Dazu kam einige Monate später noch der Judenbühl, das heutige Maxfeld. Das Stadtgebiet vergrößerte sich mit dieser Aktion um das Fünffache von 160 auf 827 ha.

Dann dauerte es vierzig Jahre, bis es zu einer neuen Stadterweiterung kam. In der Zwischenzeit fuhr die erste deutsche Eisenbahn von Nürnberg nach Fürth (1835), wurde der Bahnhof vor dem Frauentor eröffnet (1846) und der Ludwigs-Donau-Main-Kanal eingeweiht (1845). Vor allem aber waren in den 1825 einverleibten Gebieten oder den nächstgelegenen, noch selbständigen Ortschaften die ersten Fabriken entstanden. Zu nennen wären hier in Wöhrd die Lobenhofersche Textilfabrik (1822), die Maschinenfabrik von Johann Wilhelm Späth am Dutzendteich (1831), die Zeltnersche Ultramarinfabrik in Steinbühl (1839) und die Klettsche Fabrik wiederum in Wöhrd (1841). Ganz allgemein läßt sich festhalten, daß die beginnende Industrialisierung Nürnbergs kaum von der historischen Stadt selbst, sondern – in Ansätzen schon während der Reichsstadtzeit – von den umliegenden Orten ausging. Das ist weniger auf den fehlenden Platz in der zugebauten Altstadt zurückzuführen, sondern primär auf die dort herrschenden Zulassungs- und Zuzugsbeschränkungen für neue Betriebe zum Schutz des ansässigen Gewerbes. Nicht wenige der damals kreativen Köpfe der Region zogen es vor, in Steinbühl oder in Fürth ihre Firmen zu gründen, anstatt jahrelang in Nürnberg zu warten, bis vielleicht über eine Handwerksmeisterwitwe die Einheirat in einen maroden, aber geschützten Betrieb möglich wurde. So entstanden in den Ortschaften vor allem im Süden und Westen Nürnbergs, teilweise schon zur Reichsstadtzeit, zahlreiche kleinere Fabriken, die den Übergang vom Handwerk zur industriellen Fertigung bezeichnen.

Zum 1. Januar 1865 wurde mit den Gemeinden Rennweg und Steinbühl der Rest des alten Burgfriedens dem Stadtgebiet zugeschlagen. Vor allem die Eingemeindung Steinbühls, das schon in den Vorverhandlungen als die „ohne Zweifel ... gewerblich bedeutendste Landgemeinde des Königreichs Bayern“ angesehen wurde, erwies sich für die weitere industrielle Entwicklung der Südstadt als besonders wichtig. Steinbühl wurde in wenigen Jahrzehnten zum Viertel mit dem höchsten Anteil an Industriearbeitern. Auf dem jetzt 1128 ha umfassenden Stadtgebiet lebten 78000 Bewohner, mehr als doppelt so viele wie 70 Jahre vorher, als der Burgfrieden preußisches Territorium wurde.

In diese Jahrzehnte fielen neben der für die Industrialisierung wesentlichen Einführung der Gewerbefreiheit in Bayern 1868 zwei für die künftige städtische Bebauung vor den Mauern grundlegende Entscheidungen: 1848 wurde für die Bauern mit der Ablösung der Grundherrschaft die Möglichkeit geschaffen, ihr Land nun als Eigentümer für Bauzwecke zu veräußern. Mit der 1866 endlich verfügten Aufhebung der Festungseigenschaft von Nürnberg fielen auch die bis dahin aus militärischen Gründen bestehenden starken Einschränkungen der Bebauung im Schußfeld der Stadtverteidigung weg. So stieg vor allem in den Gründerjahren nach 1871 die Bautätigkeit steil an. Gleichzeitig vervielfachten sich die Einwohnerzahlen in den neuen Vorstädten: 1885 überstieg die Einwohnerzahl der Vorstädte erstmals die der Altstadt. Lebten 1871 erst 28 347 Menschen in den bis dahin eingemeindeten Ortschaften außerhalb der Stadtumwallung, vervierfachte sich die Zahl bis 1897 auf über 121 000. Damit wohnten bereits doppelt so viele Nürnberger vor den Stadtmauern wie dahinter.

Trotz der starken Industrialisierung, die in Nürnberg nach 1871 einsetzte, dauerte es nach 1865 weitere 34 Jahre, ehe Nürnberg, nun von der rasch fortschreitenden Urbanisierung schon fast gezwungen, den nächsten, nun entscheidenden Schritt zur Gebietsvergrößerung tat. Die Gründe für die im 19. Jahrhundert eher zögerliche Haltung der Stadt zu Eingemeindungen sind vielfältig: Lagen sie zunächst vor allem in der Angst vor den sozialen Folgekosten etwa für die Armenfürsorge bei der Eingemeindung von Ortschaften mit hohen Arbeiteranteil gegenüber einem nur geringer wachsenden Steueraufkommen, kam später auch die Sorge um das Anwachsen der sozialdemokratischen Stimmen in den Vorstädten hinzu. Umgekehrt mußte die Stadtverwaltung befürchten, daß Industrie und Gewerbe durch hohe Bodenpreise und -knappheit aus der Stadt abwandern könnten, so daß Eingemeindungen auch Vorteile zum Erhalt des Steueraufkommens bieten könnten. Entscheidend war aber die Notwendigkeit weiterer Gebietserweiterungen und -abrundungen zur Sicherung einer städtischen Infrastruktur, was eine planvolle Bau- und Verkehrsentwicklung ebenso bedingt wie eine langfristige Ver- und Entsorgung mit Energie und Wasser. So spielte beispielsweise der geplante Bau eines großen Sammelkanals durch die südlichen Vororte eine wichtige Rolle, die anstehenden Eingemeindungen von 1899 zu forcieren. Mit Beginn der Amtszeit von Oberbürgermeisters Georg von Schuh (1892 – 1913) beschleunigte sich in allen Ebenen die Entwicklung der Stadtverwaltung zu einer Leistungsverwaltung. Unter dem Druck der anströmenden Menschenmassen und der sich damit verschärfenden oder neu stellenden Probleme verwandelte sich die Stadtverwaltung zu einer modernen Dienstleistungseinrichtung, die neue Aufgaben der Ver- und Entsorgung, der Daseinsvorsorge und -sicherung im Gesundheits- und Bildungswesen für ihre Einwohner übernehmen mußte und auch sozial die Folgeprobleme der Industrialisierung zu lösen hatte.

Angefangen mit dem 1875 begonnenen Bau des Kanalisationssystems über die Wasserfernversorgung, die Eröffnung eines modernen Schlachthofes im Jahr 1891, den Neubau des Krankenhauses in der Flurstraße oder des Gaswerks in Sandreuth bis zur Elektrifizierung der Stadt wurden die Grundvoraussetzungen zur Versorgung von Einwohnern und Industrie gelegt. Die Liste reichte weiter über die Verbesserung der innerstädtischen Verkehrsverhältnisse durch die Straßenbahn, die Öffnung der Altstadt und die Anbindung der südlichen Vorstädte durch neue Tunnels durch die trennende Bahnlinie, die Rathauserweiterungen usw. bis zu den riesigen neuen Friedhöfen im Westen und Süden der Stadt. Vielleicht zu den wichtigsten Investitionen in die Zukunft zählten die in wenigen Jahren in den neuen Stadtvierteln entstandenen großen Schulhausneubauten, die mit den Kinderzahlen kaum Schritt halten konnten. Zwischen 1870 und dem Jahrhundertbeginn entstanden 14, bis 1915 nochmals 22 Schulhäuser. Sie halten bis heute, nach den Zerstörungen 1945 meist wieder im alten Stil neu aufgebaut, die Erinnerung an die Einwanderungszeit und die Phase der Großstadtwerdung Nürnbergs wach. Für die meisten dieser neuen Aufgaben benötigte die Stadtverwaltung neues Terrain ebenso wie sie versuchen mußte, die bisher eher planlose Besiedelung und Wohnbebauung im Gefolge der Fabrikniederlassungen durch eine systematische Stadtentwicklungsplanung in den Griff zu bekommen. All das sprach für eine großangelegte Stadterweiterungspolitik.

War schon 1881 für den Bau des Schlachthofs ein weiterer Teil von Sündersbühl eingemeindet worden, folgte am 1. Januar 1898 der Rest dieser Ortschaft. Zum 1. Januar 1899 kam dann die Eingemeindung der folgenden 13 selbstständigen Gemeinden im nächsten Umfeld der Stadt: Schniegling, Wetzendorf, Thon, Klein- und Großreuth hinter der Veste, Schoppershof, Erlenstegen, Mögeldorf, Gleißhammer, Gibitzenhof, Schweinau sowie Großreuth bei Schweinau. Dazu kamen die an Nürnberg fallenden Teile von Höfen (Höfen, Muggenhof, Leyh, Gaismannshof und Eberhardshof). Durch diese bis dahin größte Einverleibung vergrößerte sich das Stadtgebiet um mehr als das Vierfache von 1 298 ha auf 5 444 ha. Gegenüber 1806 war das eine Vergrößerung um das 34fache und 1906, im Jahr der 100jährigen Zugehörigkeit der Stadt zu Bayern, notierte Oberbürgermeister Ritter von Schuh voller Stolz, die Nürnberger Stadtfläche sei sogar größer als „das von mehr als 2 Millionen Menschen bewohnte Gebiet der Stadt Berlin“.

Mit der längst überfälligen Stadterweiterung wurde die Grundlage für die jetzt rasant ausgreifende städtische Bebauung gelegt und beschleunigte sich auch die angesichts des starken Wohnungsmangels notwendige Bautätigkeit nach vorgegebenen städtischen Planungen. War bis 1899 der südliche Teil des Burgfriedens bis zur Höhe der Landgraben-, Wölckern- und Schweiggerstraße schon nahezu vollständig überbaut, setzte nun die flächenhafte Ausdehnung des gesamten Stadtkörpers ein, im Süden der Stadt allerdings weitaus stärker als im Norden, wo sie ihre Grenze am Knoblauchsland fand. Dagegen reichte schon vor dem Ersten Weltkrieg die städtische Bebauung nahezu ununterbrochen über Gostenhof bis Schweinau. Noch bis in die dreißiger Jahre vom eigentlichen Stadtgebiet getrennt lagen Mögeldorf und Erlenstegen.

Die folgenden Bilder aus den in diesen Jahrzehnten sich entwickelnden Vorstädten und ehemaligen Dörfern zeigen je nach Lage und Vorgeschichte der bisherigen Ortschaften, dem Grad ihrer Industrialisierung und der damit zusammenhängenden Bebauung ein unterschiedliches Gesicht – glücklicherweise bis heute, trotz Zerstörung und oftmals angleichender Nachkriegsbebauung.

Helmut Beer

Diese berühmte Aufnahme des Nürnberger Fotografen Ferdinand Schmidt über den Wöhrder Talübergang aus südöstlicher Richtung entstand noch vor 1885, wahrscheinlich sogar schon in den sechziger Jahren des letzten Jahrhunderts. Sie zeigt im dunstigen Hintergrund die Silhouette der Sebalder Stadt mit der dominierenden Burg. Rechts über der Wöhrder Wiese erkennt man die Cramer-Klettsche Maschinenfabrik, den Vorläufer der heutigen MAN, die damals schon zum größten Industrieunternehmen der Stadt aufgestiegen war. Die Fabrikhallen haben sich bereits bis an die Pegnitz in Höhe des heutigen Prinzregentenufers ausgedehnt. Das Foto versammelt recht anschaulich die verschiedenen Elemente, aus denen sich die meisten Nürnberger Vorstädte am Rande der Altstadt in der zweiten Hälfte des 19. Jahrhunderts zusammensetzten: dörfliche Siedlungskerne, noch umgeben von Wiesen, Äckern und Gärten, am Rande die rasch wachsenden Industrieansiedlungen, die sich hier allerdings schon an die Vorstadt Wöhrd anlehnen konnten.

Diese Aufnahme vom Inneren der Maschinenhalle der Cramer-Klettschen Fabrik in Wöhrd entstand um 1890 und zeigt eine der großen Dampfmaschinen des alten Werkes. Die Herstellung von Dampfmaschinen als wichtige Voraussetzung für die industrielle Produktion gehörte schon früh zu den Fabrikationsfeldern der Klettschen Maschinenfabrik. Der rasche Aufstieg der Firma ist jedoch vor allem auf die Produktion für den Eisenbahnbedarf und hier vor allem den Waggonbau zurückzuführen.

Stolz präsentierten sich die Arbeiter aus der Wagenbauwerkstätte im Jahr 1895 in ihrer Arbeitskleidung und mit ihren Werkzeugen dem Fotografen. Die Fotografie entstand wie eine ganze Anzahl ähnlicher Aufnahmen von den Belegschaften aus anderen Werkstätten für ein Album, das Anton Rieppel 1902 zu seinem 50. Geburtstag überreicht wurde. Rieppel hatte nach dem Tode von Theodor von Cramer-Klett die Firmenleitung endgültig übernommen. Er sicherte der in einer Krise befindlichen Firma durch den Fabrikneubau an der Frankenstraße und durch die Fusion mit der Maschinenfabrik Augsburg zur Maschinenfabrik Augsburg-Nürnberg (MAN) das Überleben. Aus Fotos wie diesen sprechen sowohl das persönliche Selbstbewußtsein und der Stolz auf die eigene Leistung wie das Gefühl der Klassenzusammengehörigkeit, aber auch die Identifizierung mit der Firma und der Werkstätte, in der man arbeitete.

Diese ebenfalls aus dem letzten Jahrzehnt des 19. Jahrhunderts stammende Aufnahme zeigt die alten Produktionsanlagen der Klettschen Maschinenfabrik in Wöhrd. Rechts im Hintergrund gut erkennbar ist das Ufer der Pegnitz, das heutige Prinzregentenufer, das eine weitere Vergrößerung der auf den früheren Findelwiesen nach 1842 sich ausbreitenden Firma nicht zuließ. Nachdem die Fabrik auch über keinen direkten Eisenbahnanschluß verfügte, entschloß sich Rieppel zu einem vollständigen Neubau am Hasenbuck, wo bis 1903 der neue Rangierbahnhof entstand. Die Maschinen und wieder verwendbaren Produktionsanlagen und Einrichtungen wurden dann von 1899 bis 1901 von der Werkslok in die Frankenstraße transportiert. Die Fotografie zeigt links in der Keßlerstraße die direkt an das Werksgelände angelehnte Häuserreihe mit Arbeiterwohnungen im Besitz der Firma.

Die Aufnahme des Nürnberger Architekten und Historikers Dr. August Nagel zeigt den Innenhof des um 1830 in den ausgedehnten Gartenanlagen an der Äußeren Cramer-Klett-Straße 4 erbauten Cramer-Klett-Palais. Bis zu seiner Zerstörung im letzten Krieg galt die Prachtvilla als der wohl schönste klassizistische Privatbau in Nürnberg. Das schon in der Mitte des 15. Jahrhunderts genannte Grundstück kam 1829 in den Besitz von Johann Friedrich Klett. 1850 wird sein Schwiegersohn Theodor von Cramer-Klett als Eigentümer genannt. 1935 wurde die Villa renoviert und durch einen Beschluß des Nürnberger Stadtrats dem fränkischen Gauleiter Julius Streicher als persönliche Wohnstätte zur Verfügung gestellt, der dann auch in das Obergeschoß einzog, ehe er 1941 von einem NS-Parteigericht von seinem Amt als Gauleiter entbunden, auf sein Gut Pleikershof verbannt wurde.

Von den Bauten aus den Zeiten von Theodor Cramer-Klett im Cramer-Klett-Park überlebte nur das sogenannte „Werderhaus" den Zweiten Weltkrieg. Benannt war es nach dem leitenden Techniker der Firma, der auch der später entstandenen Arbeitersiedlung Werderau seinen Namen lieh. Unsere Aufnahme über den Cramer-Klett-Park aus dem Jahr 1957 zeigt das dann wenige Jahre danach im Zuge der Umgestaltung der Grünanlage abgerissene Gebäude. Im hinteren rechten Segment des Parkes, in den Bäumen kaum erkennbar, verbirgt sich der Apollo-Tempel, der aber nicht zum Klettschen Anwesen gehörte, sondern im danebenliegenden Tuchergarten um 1820/30 als Musikpavillon erbaut wurde. Der reizende Rundbau zieht seit Jahrzehnten durch sein Marionettentheater die Nürnberger Kinder an.

Mit dem Wegzug der MAN bis 1901 in die Südstadt wurde das sich von der Keßlerstraße bis zum Pegnitzufer erstreckende Fabrikgelände frei für eine Neubebauung. Am heutigen Prinzregentenufer sowie in der Theodor- und Emilienstraße entstanden die damals wohl vornehmsten Häuser Nürnbergs für das gehobene Bürgertum. 1915 wurde am Prinzregentenufer auch in Nürnberg ein Bismarck-Denkmal verwirklicht, das bis heute, eher unbeachtet, an den ersten Kanzler des hohenzollerischen Kaiserreiches erinnert. Unsere Aufnahme entstand im Jahr 1950 während der Schutträumungsarbeiten nach dem Ende des Dritten Reiches und der Zerstörung von Wöhrd. Eine der Trümmerbahnen transportiert den Schutt aus der Altstadt vorbei am unzerstörten Denkmal und den Häusern des Prinzregentenufers auf den Schuttberg in der Nähe des Dutzendteiches.

Am 9. August 1916 entstand diese Aufnahme von der Wöhrder Hauptstraße zum Marktplatz mit dem alten Rathaus, das auch schon die Schule beherbergt hatte. Tatsächlich gab es keinen eigenen Wöhrder Marktplatz als Straßenbezeichnung, die angrenzenden Häuser trugen die Nummerierung der Wöhrder Hauptstraße, doch wußte jeder Wöhrder, was damit gemeint war. Das Foto gehört zu einer umfangreichen Bilderserie, die ein städtischer Fotograf in den Sommermonaten des dritten Kriegsjahres von der alten Handwerkervorstadt fertigte, die ihr bauliches Gesicht seit dem 16. und 17. Jahrhundert weitgehend erhalten hatte. Niemand konnte damals ahnen, daß dieses alte Wöhrd nur ein Vierteljahrhundert später als trauriges Vorspiel zur Vernichtung von Alt-Nürnberg beinahe vollständig zerstört werden sollte.

Nach 1886, dem Jahr der Renovierung der Wöhrder Kirche, aber aus der Kleidung zu schließen, wohl noch vor der Jahrhundertwende, entstand diese Aufnahme vom Wöhrder Marktplatz. Fotografiert wurde sie von Ferdinand Schmidt, dem wichigsten Nürnberger Lichtbildner des 19. Jahrhunderts, der zwischen 1860 und 1909 die Stadtentwicklung dokumentierte und dem wir auch interessante Bilder aus den Vorstädten verdanken. Im Mittelpunkt der an einem Markttag entstandenen Aufnahme steht die 1418 erstmals erwähnte, 1552 abgebrannte und dann 1557 erneut aufgebaute Bartholomäuskirche. Bei dem rechten Gebäude handelt es sich um das Wöhrder Rathaus, in dem damals die Polizeiwache VII untergebracht war. Links am Eck zur Schuhgasse das alte Gasthaus „Zur goldenen Krone“, das 1624 erstmals erwähnt wurde.

Wohl 1914, aber jedenfalls noch vor der 1916 entstandenen Fotoserie wurde diese Aufnahme vom Wöhrder Marktplatz gemacht. Sie bildet die Verlängerung der vorstehenden Ansicht. Ein Fuhrwerk verläßt den Platz gerade in Richtung Herrnstraße. Ganz offenbar, nach der Ansammlung wartender Frauen und Kinder vor dem Käsegeschäft, Wöhrder Hauptstraße 42, zwischen Herrnstraße und Metzgergäßchen zu schließen, gab es an diesem Tag etwas Besonderes. Rechts am Bildrand und zur Datierung der Fotografie wichtig: Die 1914 gegründeten „Luna-Lichtspiele", der bis zur Zerstörung 1943 bestehende erste Wöhrder Filmpalast. Im gleichen Haus befand sich auch das Gasthaus „Amsel", wo sich die frühen Wöhrder Cineasten für die Vorstellung ihr Bier holten.

Die Aufnahme eines städtischen Fotografen für das Bauamt vom 14. November 1916 zeigt die vier Wöhrder Mühlen an der Herrnstraße, die ein Stück Nürnberger Handwerks- und Industriegeschichte repräsentieren. Bereits im 14. Jahrhundert sind an dieser Stelle Getreide- und Gewürzmühlen sowie eine Tuchwalke nachgewiesen. Im Hauptgebäude direkt am Steg wurde 1822 mit der Lobenhoferschen Tuchfabrik die erste Nürnberger Fabrik mit Maschinenausstattung eingerichtet. Nach deren vorläufigem Ende folgte der Betrieb einer Kammgarnspinnerei. 1876 wurde die Mühle an die Stadt verkauft, die hier dann ein Pumpwerk für Grundwasserbrunnen zur städtischen Wasserversorgung installierte.

Das Jahrhunderthochwasser in der Nacht vom 4. zum 5. Februar 1909 betraf die an die Pegnitz grenzende Vorstadt Wöhrd natürlich in besonderer Weise. Das zeigt auch diese am 5. Februar in der Wollentorstraße entstandene Aufnahme mit den „Flößern von Wöhrd" und deren Publikum in den Fenstern an den Ufern.

Im Juli und August des Kriegsjahres 1916 fotografierte ein Mitarbeiter des städtischen Bauamtes in einer umfangreichen Serie die Straßen, Gassen und Plätze des alten Ortskernes von Wöhrd. Der Fotograf bemühte sich, im Unterschied zur sonst üblichen Architekturfotografie mit vornehmlich denkmalschützerischen Zielen, mehr das Ortsbild und das Straßenleben wiederzugeben. Diese Aufnahme zeigt den Meisterleinsplatz mit den Häusern Nr. 5 und 9. Links vorne das Geschäft der Fleischerei von August Wittmann, dahinter mit dem Eck zum Zeidlergäßchen das Wirtshaus „Zu den drei Königen" von Lorenz Endres.

Am 28. Juli 1916 wurde diese Szene am Wöhrder Marktplatz mit den in Richtung westlicher Wöhrder Hauptstraße flüchtenden Kindern festgehalten. Auf der reizenden Serie von Wöhrd, wie auch auf vielen anderen Aufnahmen aus dieser Zeit, sind die gegenüber heute großen Kinderscharen ganz besonders auffällig. Daraus lassen sich verschiedene Tatsachen ablesen: Neben den viel höheren Kinderzahlen in den damals meist jung nach Nürnberg eingewanderten Familien waren die Straßen bei den kleinen und unzureichenden Wohnungen tatsächlich noch Spielplatz für die Kinder und nicht primär Verkehrsfläche und Parkraum für Autos. Ein damals noch nicht so oft gesehener Fotograf übte noch einen großen Reiz auf die Kleinen aus, die er hier allerdings gerade in die Flucht geschlagen hat.

Aus der östlichen Wöhrder Hauptstraße nach Westen in Richtung Marktplatz wurde diese Aufnahme am 29. Juli 1916 gemacht. Wir erkennen die evangelische Bartholomäuskirche und links dahinter die Turmhaube der kurz vor Kriegsbeginn entstandenen katholisch-apostolischen Kirche. Erfaßt werden die Häuser Nr. 27 – 39. Auch hier bauen sich die barfüßigen Kinder vor dem Fotografen auf, wenn auch in recht vorsichtigem Abstand.

Die Taubengasse führte in der Verlängerung der Wassertorstraße von Süden auf den Wöhrder Marktplatz. An dem kleinen Plätzchen zu Beginn des Taubengäßchens fotografierte Ferdinand Schmidt wohl im letzten Jahrzehnt des 19. Jahrhunderts die Hallmannsche Bäckerei in der Taubengasse 1. Wohl alle Bewohner und Beschäftigten des Hauses waren verständigt und präsentieren sich für die Aufnahme vor dem Haus oder in den Fenstern, wie häufig zur damaligen Zeit. Selbst der Schornsteinfeger nutzt die Chance, einmal auf hoher Warte auf die Platte gebannt zu werden.

Etwa ein Vierteljahrhundert später als die vorausgegangene Fotografie, im Jahr 1914, entstand diese Aufnahme ebenfalls mit einem Blick in die Taubengasse von annähernd dem gleichen Standpunkt. Vor Haus Nummer 1 ist das Vorgärtchen schon verschwunden, dafür hat die Bäckerei ein schönes Schaufenster nach vorne hinaus erhalten und besitzt bereits ein Telefon mit der Nummer 3116, wie der mit einer Lupe bewaffnete Betrachter erfährt. Im Zentrum dieser Aufnahme steht allerdings gegenüber das Gasthaus „Zum wilden Mann", ein durch seinen großen Saal im ersten Stock bekanntes Wirtshaus, das die Schilder – mit starker Lupe im Original erkennbar – als Schankstätte für Farrnbacher Bier und als Clublokal des Touristenvereins „Adlerherd" ausweisen.

Aus der Bilderserie vom Sommer 1916 stammt dieser Blick in die Rahm, gut erkennbar die Häuschen ab Rahm 5. Die Herkunft des Straßennamens ist nicht eindeutig geklärt. Möglicherweise leitet er sich ab von den hölzernen Rahmen der Tuchmacher, einem der wichtigsten Handwerke im alten Wöhrd, in die sie ihre Tücher einspannten.

Blick zur Ecke der westlichen Wöhrder Hauptstraße bei der Abzweigung des Wollengäßchens. Die Wöhrder Vorstadt war für ihre Gasthäuser berühmt. Im Haus Nr. 22 befand sich das Wirtshaus „Wöhrder Bräustübl", eine der mehr als 20 Wirtschaften des alten Ortes. Genau gegenüber unter der Nummer 23, am rechten Rand noch sichtbar, befand sich mit der „Krone" das beste Wöhrder Gasthaus.

Im August 1916 trug diese hübsche Postbotin in der östlichen Wöhrder Hauptstraße die Briefe aus und posiert mit anderen Passanten für den städtischen Fotografen. Die Frauen mußten während des Krieges wie hier als Briefträgerin, Aufgaben und Berufe der im Feld stehenden Männer übernehmen, die ihnen vorher verwehrt waren. Der Fotograf richtete die Kamera von Westen in östlicher Richtung auf die Front der Häuser Nr. 31–39.

An einem Markttag, noch vor dem 1. Weltkrieg, entstand diese Szene vom Wöhrder Markt. Das genaue Jahr der Aufnahme ist nicht mehr feststellbar, aber, daß das Bild wohl im Juni oder Juli entstand, läßt sich aus den mit Kirschen gefüllten Körben schließen. Es gab mehrere Sorten, das Pfund kostete 10, 12 oder 15 Pfennige. Im Hintergrund die Seifensiederei und Lichterproduktionsstätte der Babette Thurn, Wöhrder Hauptstraße Nr. 26, daneben, Hausnummer 24, das Geschäft der „Kurz- und Wollwarenhändlerin K. Leipold und deren Tochter", wie es im städtischen Adreßbuch hieß.

Einer der jährlichen Höhepunkte des Vorstadtlebens war die Wöhrder Kirchweih, die nach der Fürther Kirchweih zu den beliebtesten „Kärwa"-Ereignissen der Nürnberger zählte. Das Fest orientierte sich am Bartholomäustag um den 24. August. In den „Alt-Wöhrder Erinnerungen" des 1877 gegründeten Vorstadtvereins von Wöhrd aus dem Jahr 1987 ist eine schöne Schilderung des Wöhrder Kirchweihtreibens abgedruckt, aus dem die damals gegenüber heute ungleich wichtigere Bedeutung des Festes für die Wöhrder, vor allem aber auch für die Kinder nachempfunden werden kann. Diesen Schnappschuß aus den dreißiger Jahren vom „Straßenleben" während der „Kärwa" lieferte der Nürnberger Fotograf Max Hermann.

Ebenfalls von Max Hermann stammt dieses Foto aus der Zeit vor dem letzten Krieg mit den am Marktplatz aufgebauten Buden. Man beachte die den Kirchweihbaum erklimmenden Kletterer.

Mit dem Marktplatz vor der Bartholomäuskirche, der ja eigentlich Teil der hier abbiegenden Wöhrder Hauptstraße war, besaß das alte Wöhrd sein Zentrum. Hier fanden die Kirchweihen und andere Feierlichkeiten statt. Die Aufnahme dieses feierlichen Einzugs in die Bartholomäuskirche entstand wohl am Ende der zwanziger oder zum Beginn der dreißiger Jahre, ohne daß der Anlaß genau bestimmt werden konnte. Höhepunkt des Wöhrder Lokalgeschehens in diesen Jahren waren die Schwedenfeierlichkeiten 1932, als zur 300jährigen Wiederkehr der schwedischen Unterstützung Nürnbergs durch Gustav-Adolf gegen Wallenstein eine hochgestellte schwedische Delegation die Vorstadt besuchte, um in der Wöhrder Kirche der dort beigesetzten Toten aus der Zeit des Dreißigjährigen Krieges zu gedenken. Die Wöhrder feierten das Schwedenjahr auf ihrem Marktplatz als großes Fest mit einem Landsknechtfeldlager mit vielen historischen Kostümen.

Auf diesem, vermutlich während des Dürerjahres 1928 entstandenen Foto ist eine Vorführung des damals sehr beliebten Büttnertanzes und der Nürnberger Schembartläufer auf dem Wöhrder Marktplatz festgehalten. Links im Hintergrund das Gasthaus „Amsel“, rechts die Häuserfront Wöhrder Hauptstraße 24 – 32.

Diese Gesamtansicht aus der Aufnahmeserie des Bauamtes vom August 1916 gibt einen Überblick über das alte Wöhrd, dessen Kern nach der Zerstörung im zweiten Markgrafenkrieg 1552 in den Jahren nach 1560 wieder errichtet worden war. Damals hatte der Nürnberger Rat die bereits 1388 völlig niedergebrannte Vorstadt anzünden lassen, um zu verhindern, daß sie dem Ansbacher Markgrafen Albrecht Alkibiades in die Hände fiel. Am Horizont in der Bildmitte gut erkennbar ist das bereits 1883 errichtete und mehrfach erweiterte Bartholomäusschulhaus, Bartholomäusstraße 16, rechts auf der gegenüberliegenden Seite der Pegnitz ist sogar noch die erst zwei Jahre vorher für die Mögeldorfer Kinder entstandene Thusneldaschule zu erkennen.

Bei dem Luftangriff auf Nürnberg in der Nacht vom 10. auf den 11. August 1943 wurde Wöhrd fast völlig zerstört. 878 Tonnen Sprengbomben und 861 Tonnen an Brandbomben wurden über das ganze Stadtgebiet abgeworfen. In Wöhrd entstand ein gewaltiger Flächenbrand. 582 Menschen, darunter 74 Kinder fanden den Tod, die meisten verbrannten. Die größte Zahl der Opfer war in Wöhrd zu beklagen, das beinahe vollständig zerstört wurde. Der größte Teil der insgesamt mehr als 2100 in der Stadt vernichteten Wohn- und Gewerbegebäude lag in diesem Stadtteil. Die undatierte Luftaufnahme von Osten wohl aus dem Jahre 1943 zeigt, wie vollständig der alte historische Marktflecken mit dem überwiegend noch aus dem 16. Jahrhundert stammenden Gebäudebestand bei diesem bis dahin schlimmsten Luftangriff und den folgenden Kriegsereignissen vernichtet wurde.

Die Mehrzahl der Wöhrder war nach der Vernichtung fast aller Wohnhäuser zunächst obdachlos. Am 20. August 1943, wenige Tage nach dem schweren Luftangriff, entstand diese Aufnahme von der zerstörten Bartholomäuskirche mit einem Blick auf den ehemaligen Marktplatz aus der Wöhrder Kreuzgasse. Erst im Sommer 1955 wurde mit dem Wiederaufbau der evangelischen Kirche begonnen. Bereits am 17. Dezember des gleichen Jahres wurde das Richtfest gefeiert, am 28. Oktober 1956 die Kirche neu geweiht.

Über den Ruinen auf diesem stehengebliebenen Schornstein des ehemaligen Hauses Zeidlergasse 2 haben die letzten Wöhrder Störche ihr Nest gebaut. Die wohl Mitte der fünfziger Jahre entstandene und fast symbolisch für den Wiederaufbau anzusehende Aufnahme zeigt im Hintergrund die Bartholomäusstraße. Ein 1965 auf dem heutigen Wöhrder Marktplätzchen errichteter Brunnen mit stilisierten Störchen erinnert an die seit 1960 wohl durch den gewachsenen Verkehr verschwundenen Wöhrder Störche. Spätestens mit dem Bau des Wöhrder Sees und der damit verbundenen Flutung der Wöhrder Wiesen ging der Lebensraum für die beliebten Vögel endgültig verloren.

Im September 1956 entstand diese schöne Ansicht des bis dahin wiederaufgebauten Wöhrd über die Wöhrder Wiese hinweg. Würde nicht die Nürnberger Burg im Hintergrund mit Sinwellturm und Luginsland zu erkennen sein, könnte man meinen, ein hinter einer Wiesenlandschaft sich erhebendes fränkisches Dorf vor sich zu haben. Neben der kurz vor dem Abschluß des Wiederaufbaus stehenden Bartholomäuskirche ist links auch der Turm des Neubaus der katholisch-apostolischen Kirche an der Hirsvogelstraße zu erkennen.

Mit der Fertigstellung der Konrad-Adenauer-Brücke für den neuen Wöhrder Talübergang und des darunter gebauten Stauwehrs im Herbst 1969 begann auch die Realisierung des bereits 1959 im Stadtrat endgültig gefaßten Beschlusses, hier die Pegnitz aus Gründen des Hochwasserschutzes zum Wöhrder See aufzustauen. Die Aufnahme vom Oktober 1971 entstand vom gerade entstandenen „Noricus", der mit 42 Geschossen zeitenweise den Ruhm besaß, als das höchste Wohngebäude Europas zu gelten. Das Bild zeigt den inzwischen auf fast 52 ha Wasserfläche aufgefüllten neuen Binnensee. Links am Ufer die im Entstehen begriffene Freizeitzone.

Von der Plattform des Laufer Torturms aus entstanden im Jahr 1945 diese beiden Aufnahmen. Sie zeigen, wie stark auch die nährere Umgebung Wöhrds bei Kriegsende zerstört war. Oben die Ecke Sulzbacher und Bayreuther Straße, unten der mit einem Schwenk zum Rathenauplatz erfaßte Bereich der alten Gemarkung Gärten bei Wöhrd. Der Blick reicht hier bis nach Gleißhammer und Mögeldorf. Ganz im Hintergrund erhebt sich der Moritzberg. Auf der oberen Aufnahme ist der nur mittelschwer beschädigte Neubau des Melanchthon-Gymnasiums aus dem Jahre 1911 gut zu erkennen. Im unteren Foto ragt in der Bildmitte die dachlose Fassade der ausgebrannten Handelsschule für Mädchen in der Nunnenbeckstraße (siehe Seite 35) in den Himmel. Die Sulzbacher Straße selbst folgt dem alten, seit dem Mittelalter am Laufer Tor beginnenden Handelsweg nach Prag und Böhmen.

Wo sich heute das moderne Rot-Kreuz-Zentrum befindet, stand bis zur Zerstörung im Zweiten Weltkrieg in der Sulzbacher Straße 42 und 44 das Becksche Palais auf einem der in diesem vorderen Abschnitt der Sulzbacher Straße zahlreichen alten Gartengrundstücke. Die obere Fotografie aus dem Jahre 1911 zeigt das niedrige Gebäude in einer bis zum heutigen Stresemannplatz reichenden Übersichtsaufnahme. Mit Ausnahme des Melanchthon-Gymnasiums sind heute alle Gebäude auf der stadtauswärts rechts gelegenen Seite der Sulzbacher Straße Neubauten der späteren Nachkriegszeit. Als mehr oder minder gesichtslose Funktionsbauten verleihen sie dem Eingang in die wichtigste Verkehrslinie durch die nordöstliche Stadt einen reichlich anonymen Charakter. Der Stresemannplatz im Hintergrund – inzwischen ist er durch eine neue Anlage tatsächlich so etwas wie ein Platz geworden – entstand erst 1949 durch eine schlichte Umbenennung des an der Abzweigung der Hohfederstraße (früher Mögeldorfer Straße) gelegenen Abschnitts der Häuser 50–58 und 51–61 der bisherigen Sulzbacher Straße. Das Foto unten zeigt die Gartenseite des aus dem 18. Jahrhundert stammenden Beckschen Anwesens. Der Brunnen war bereits vor dem Zweiten Weltkrieg verschwunden, als in dem Gebäude das Abschnittskommando Nord untergebracht wurde.

Auf dem Gelände des ehemaligen Merkelschen Gartens (das Anwesen östlich an der Merkelsgasse, der früheren Ampfersgasse, war von 1797 – 1876 im Besitz der Nürnberger Kaufmannsfamilie Merkel) entstand zwischen 1909 und 1911 auf der nördlichen Hälfte an der Sulzbacher Straße das Melanchthon-Gymnasium. Auf dem südlichen Teil, Nunnenbeckstraße 40, wurde dann 1912/13 die Handelsschule für Mädchen errichtet. Die Aufnahme eines städtischen Fotografen stammt aus dem Jahr 1915. Auch dieses Schulgebäude wurde bei einem Luftangriff im Frühjahr 1944 ein Opfer der Bomben. Der Unterricht konnte nur behelfsmäßig in der Labenwolf- und in der Rollnerstraße fortgeführt werden. Erst 1966 entstand hier wieder ein Neubau für die Städtische Wirtschaftsschule.

Im Januar 1952 wurde dieses Foto in der Gießereistraße aufgenommen. Links in den notdürftig wiederhergerichteten Ruinen der ehemaligen Eisengießerei Earnshaw, Gießereistraße 2, hat sich inzwischen die Modellschreinerei Heinrich Seeger eingerichtet. Heute steht hier die 1967 in modernem Stil nach Plänen von Peter Leonhardt errichtete St. Josephkirche der katholischen Gemeinde von Wöhrd. Das frühere, 1898 an der Ecke Sulzbacher und Harmoniestraße geweihte Gotteshaus war während des Krieges zerstört worden. Interessant an der Aufnahme ist jedoch die Rückansicht der drei Häuschen Rahm 1–5, die zu den wenigen Gebäuden des alten Wöhrd zählen, die den Krieg überstanden haben. Während das Haus Nr. 1 inzwischen einem ausladenderen Neubau gewichen ist, erinnern die beiden anderen gepflegten Häuschen als Originale in der wiederaufgebauten Vorstadt an das früher so reizende alte Wöhrd.

Am Eck zur Mögeldorfer Straße (heute Hohfederstraße) in der Bauvereinstraße 46 bestand bis in den Zweiten Weltkrieg die „Merkur"-Drogerie, die sich im Besitz der Familie Heim befand. Neben Materialien für den Amateurfotografen, Maggi-Suppen, Liebigs Fleischextrakt, Markenkakao und diverse Pulver gegen Insekten und Wanzen warb das ob seiner vorbildlichen Reklameanbringung vom städtischen Bauamt fotografierte Geschäft im Jahre 1911 auch für „Sanatogen – die nervenstärkende Kraftnahrung". In den Schaufenstern zur Mögeldorfer Straße (Hohfederstraße) präsentierte die auch in Fürth vertretene Fisch- und Delikatessenhandlung Oldenburg ihr Angebot.

In den dreißiger Jahren dürfte diese schöne Aufnahme der Bahnanlagen beim Ostbahnhof entstanden sein. Die Loks dampfen noch und die Güterzüge fahren noch direkt zum bereits 1876 von Julius Tafel gegründeten Eisenwerk an der schon zu Jobst gehörenden Äußeren Sulzbacher Straße. Die nach 1900 unter dem Namen „Eisenwerk Nürnberg" zur Aktiengesellschaft umgewandelte Firma produzierte vor allem für den Eisenbahnbedarf und gehörte nach dem 1. Weltkrieg zur Gutehoffnungshütte. Nach der Schließung des Betriebes wurden in den oberen Hallen an der Äußeren Sulzbacher Straße eine Theaterhalle für die freien Theatergruppen in Nürnberg und die Gastspiele auswärtiger Schauspieler, aber auch das Museum Industriekultur eingerichtet.

Dieses aus sechs Einzelfotos zu einem 180-Grad-Panorama zusammengesetzte Bild ist undatiert, dürfte aber Mitte oder Ende der dreißiger Jahre entstanden sein. Der Standort des Fotografen war oberhalb des Pulverseebades an dem bei der Teutonenstraße 54 abzweigenden und zum heutigen Gasthaus „Pulversee" hinabführenden Weg. Die erste Aufnahme erfaßt über die Sportanlagen des Vereinsbades hinweg das gegenüberliegende und zwischen 1910 und 1914 errichtete neue Sebastiansspital, schwenkt über das Tafelwerk und die 1877 gebaute

Veilhofer Eisenbahnbrücke. Hinter der Bahnlinie erhebt sich die seit 1919 in der Wohnungsnot nach dem Ersten Weltkrieg entstandene und schon zu Mögeldorf gehörende WBG-Siedlung mit den Häusern Wurfbeinstraße 21–23 (ganz links) und Marthastraße 59–61 (ganz rechts). Oberhalb des Strommastes auf Seite 39 oben steht das frühere Heim der Arbeiterwohlfahrt, aus dem sich nach einer Hausbesetzung der heutige Kulturladen Loni-Übler-Haus entwickelte.

Die heutige Pfarrkirche von St. Jobst, Äußere Sulzbacher Straße, entstand um 1350 als Kapelle des hier gelegenen Siechenkobels. Die Weihe des Choraltars ist für das Jahr 1356 überliefert. Das heutige Kirchlein geht auf einen 1451 nach einem Brand errichteten Neubau zurück. Die obere Aufnahme aus dem Jahr 1911 zeigt das heutige Leichenhaus, das auch schon als Schulhaus gedient hatte. 1938 wurde es umgebaut und zur Straße hin mit Arkaden versehen. 1943 sanken beide Gebäude in Schutt und Asche. Die untere Aufnahme zeigt die Ruinen am 26. August 1943. Der Wiederaufbau erfolgte in den Jahren 1947/48. Das seit 1696 als selbständige Pfarrei bestehende St. Jobst gehörte früher zur Gemeinde Erlenstegen und wurde erst 1899 mit diesem Ort nach Nürnberg eingemeindet.

Bei der letzten großangelegten fotografischen Dokumentation der historischen Bauten in Nürnberg durch die Staatliche Bildstelle Berlin in den Jahren 1933–1935 entstand diese Aufnahme des Siechenkobels von St. Jobst, Äußere Sulzbacher Straße, einem der vier Siechenhäuser (daneben noch St. Johannis, St. Leonhard und St. Peter) an den vier wichtigsten Nürnberger Fernverkehrsstraßen im Mittelalter. Diese Siechen-„Kobel" dienten der Unterbringung der Aussätzigen, die nicht in die Stadt gelassen wurden. Bis zur Zerstörung 1943 befand sich in dem in der Nachkriegszeit nicht wieder errichteten Gebäude eine beliebte Ausflugsgaststätte.

An einem Wintertag in den zwanziger Jahren entstand dieser Blick nach Westen durch die Äußere Sulzbacher Straße, aufgenommen in Höhe der Bismarckstraße. Deutlich wird, wie lange teilweise noch die äußeren Vorstädte von den Innenstadtbereichen abgetrennt waren. Die Lücken in der städtischen Bebauung wurden vielfach erst in der Nachkriegszeit geschlossen.

Den von Alexander Heideloff 1837/38 zum neugotischen Schloß umgebauten Herrensitz Thumenberg zeigt diese in den Jahren zwischen 1889 und 1895 entstandene Fotografie. Nach dem Umbau durch den Bauherrn, den Nürnberger Großkaufmann Zacharias Platner, wurde der neue Name Platnersberg für die bis dahin als Thumenberg bekannte Erhebung gebräuchlich. Die Aufnahme eines Braunschweiger Fotografen zeigt das an eine Mischung aus Neuschwanstein und Disneyland erinnernde Schlößchen von Westen, kurz bevor es von einem neuen Besitzer, einem Herrn Julius Beißbarth, im Jahr 1896 abgerissen und eine pompöse Villa an gleicher Stelle errichtet wurde. Nachdem dieser 1906 in Konkurs gegangen war, entwickelte sich das Anwesen schon wegen seiner Aussicht zu einer beliebten Ausflugsgaststätte. Auch hier kam das Ende mit der Zerstörung 1943. Nach Kriegsende 1947 fand unweit des Bärenbrünnleins das städtische Altenheim „Norisstift“ seinen Platz. Mit dem altem Baumbestand gehört der Platnersberg zu den schönsten Parkanlagen der Stadt.

Über die Bauernhäuser hinweg richtete ein städtischer Fotograf im Jahr 1922 seine Kamera auf das Wölckernsche Schlößchen, Günthersbühler Straße 15, und den dahinter sich erhebenden Kohlbuck. Das in der charakteristischen Form der Nürnberger Herrensitze im Jahr 1733 errichtete Gebäude ist eines der vier verbliebenen von ursprünglich sieben Schlößchen in Erlenstegen. Am Hang links dahinter befinden sich heute die Schwimmbecken des 1921 eröffneten Naturgartenbades. Im hohen Giebel des davorliegenden zweigeschossigen und heute schön renovierten Bauernhauses, heute Günthersbühler Straße 13, erbaut 1721, wurde früher der am Kohlbuck noch um 1900 angebaute Hopfen gelagert. Der Fotograf machte seine Aufnahme im Mai 1922 vom Hang über das Dach des Hauses Zapfengasse 9 (heute Konditorei) hinweg. Rechts nach dem Brückchen über den Tiefgraben mündet die Zapfengasse in die quer verlaufende Günthersbühler Straße.

Wohl weil das alte Feuerleiterhäuschen in der Eichendorffstraße, etwa in Höhe der heute hier abzweigenden Voßstraße, zwei Monate später, im Februar 1911 abgerissen werden sollte, wurde im Dezember 1910 ein städtischer Fotograf in das Erlenstegener Neubaugebiet geschickt, um nochmals eine Aufnahme davon zu machen. Seit der Jahrhundertwende entwickelte sich das 1899 eingemeindete Dorf zu einem der vornehmsten Villenviertel der Stadt. Die Spargelbeete im Vordergrund auf den Allee-Äckern verwandelten sich in teuren Baugrund. Von den neu errichteten noblen Gebäuden stehen bereits die auch heute noch beeindruckenden Häuser Schlegelstraße 3 und 5 oberhalb des Telegrafenmastes.

Der Blick über die Erlenstegenstraße zeigt die Gebäude Nr. 106, 108 und 110. Etwas an den Rand zum Pegnitztal zurückgesetzt ist das sogenannte Imhoff-Schreiber-Gugelsche Schlößchen, Erlenstegenstraße 110, zu erkennen. Es galt als einer der ältesten Herrensitze in Erlenstegen, wenn nicht überhaupt im Nürnberger Umland. Im Jahr 1911, als diese Aufnahme entstand, hatte der Bäckermeister Thomas Wedel hier seinen Betrieb eingerichtet, der später in den Vorderbau wechselte. Der turmartig über der Pegnitz sich erhebende frühere Wehrbau wurde bei einem Luftangriff im Jahr 1944 vollkommen zerstört. Bis heute erhalten hat sich dagegen das davorstehende Häuschen und rechts mit seinem schönen Fachwerkgiebel das 1660 gebaute Vogthaus des Schlößchens.

Die Bäckerjungen auf dieser Aufnahme gehörten zweifelsohne zu der Wedelschen Bäckerei. Die Erlenstegenstraße, heute in diesem Bereich eine wichtige Ausfallstraße, zeigt deutlich die Spuren der damals noch stark betriebenen Landwirtschaft. Am Einfahrtstor zu dem Gebäude Erlenstegenstraße 112 ist die angeblich die böhmische Grenze bezeichnende Martersäule zu erkennen, die 1930 ins Germanische Nationalmuseum gelangte. Eine Nachbildung steht heute etwas vom ursprünglichen Standort entfernt neben dem Eingang zur neuen Wohnanlage des früher beliebten Ausflugsgasthauses „Kalbsgarten". Tatsächlich verlief die Grenze zum böhmischen Königreich und zu Neuböhmen zur Zeit Karls IV. hinter dem Erlenstegener Ortsende.

1973 entstand diese Aufnahme des Bauernhauses Spitalhof 2, eines der verbliebenen Gebäude eines ehemaligen Weilers und früheren Gutshofs im Besitz des Heilig-Geist-Spitals seit 1361. Das aus dem ersten Drittel des 18. Jahrhunderts stammende Bauernhaus mit den übrigen Gebäuden lag noch im 19. Jahrhundert in völlig freier Flur hin nach Schoppershof und Weigelshof und war im Norden und Nordosten von Wald umgeben. Der Spitalhof gehörte nach 1808 zu Erlenstegen und kam mit dieser Gemeinde 1899 in das Nürnberger Stadtgebiet. Allerdings schob sich erst in der Nachkriegszeit die städtische Bebauung heran und umschloß das Anwesen, doch wurde noch Anfang der siebziger Jahre hier Landwirtschaft betrieben.1989 brannte das Haus Nr. 2 völlig ab, an seine Stelle rückten Reihenhäuser an der Gervinusstraße.

Der Rechenberg erhielt seinen Namen nach einem Nürnberger Kaufmann Sebaldus Rech, der auf der Anhöhe um 1524 einen befestigten Sitz hatte erbauen lassen. Heute erinnert auf dem Plateau der zur Gemarkung Schoppershof gehörenden Anhöhe ein Denkmal an den materialistischen Philospben Ludwig Feuerbach, der in einem Gartenhaus am Fuße des Rechenbergs an der Sulzbacher Straße, von den Nürnberger Sozialdemokraten verehrt und finanziell unterstützt, von 1860 – 1872 seine letzten Lebensjahre verbrachte. Die Aufnahme stammt aus der zweiten Hälfte der dreißiger Jahre und zeigt – über die Äcker an der Bismarckstraße hinweg fotografiert – die 1935 und 1936 gebauten Häuser am Nordosthang entlang der Rechenbergallee zur Clausewitzstraße.

Auf die Familie Schopper und ihren 1384 erwähnten Hof mit einem bewehrten Herrensitz geht der Name des ganzen Stadtviertels Schoppershof zurück. Das befestigte Gebäude wurde wie viele andere Herrensitze rund um Nürnberg 1552 durch den Ansbacher Markgrafen Albrecht Alkibiades zerstört, war aber bereits 1590 wiederaufgebaut, als es der venezianische Kaufmann Viatis kaufte. Über seinen Schwiegersohn Martin Peller kam das Musterbeispiel für einen Nürnberger Herrensitz als Erbgut in den Pellerschen Besitz. Nach deren Aussterben 1870 erhielt das wohlerhaltene Schmuckstück den Namen Tucherschloß nach den neuen Besitzern. Die große Ausdehnung des umgebenden Areals noch in den zwanziger Jahren zeigt unsere Aufnahme von 1924. Sie entstand von Südwesten über die damals noch bis zum Nordostbahnhof verlaufende Adamstraße etwa in Höhe des Schnitts mit der Welserstraße. Heute beginnt hier die Elbinger Straße. Der hinter der Mauer liegende Park wurde in der Nachkriegszeit bebaut bzw. wird von einer Landschaftsgärtnerei genutzt.

Im April 1912 entstand dieses Foto der Kolonialwarenhandlung Würkert in der Adamstraße 20 am Eck zur Ludwig-Feuerbach-Straße. Der Laden wurde fotografiert als eines von vielen Beispielen guter, sich in das Straßen- und Ortsbild einfügender Reklame in einer zu diesem Thema angelegten Serie der städtischen Baubehörde. Auch heute ist die Reklame noch interessant, ebenso wie die Hütchen und Mützen der sich versammelnden Kinder. Die 1884 entstandene Häuserreihe ist ein gutes Beispiel für die in den letzten beiden Jahrzehnten vor der Jahrhundertwende entstandenen niedrigen und fast schmucklosen Mietshäuser für die Arbeiterbevölkerung in dem bereits zum 1. Januar 1865 nach Nürnberg eingemeindeten Stadtviertel der früheren Ortschaft Rennweg. Auch diese Häuser verschwanden durch den Krieg, doch finden sich in den Nachbarstraßen durchaus noch ähnliche Gebäude.

Vor dem Abriß nochmals fotografiert wurde dieses alte Bauernhaus am Rennweg 26 im Januar 1912. Der Stadtteil Rennweg, der sich mit seinem Zentrum am Fenitzerplatz zwischen Bayreuther- und Mathildenstraße und von der Deumentenstraße nach Süden bis zur Feldgasse und weiter östlich bis an die Sulzbacher Straße erstreckt, gehörte schon vor der Jahrhundertwende zu den rasch wachsenden und schon um die Jahrhundertwende städtisch überbauten Quartieren in der Stadt.

Im November 1912 fotografierte ein städtischer Lichtbildner für die Denkmalschutzabteilung der Baubehörde diesen schönen „Bauernhof in Nürnberg-Schoppershof". Leider sind exakte Angaben über die genaue Lage, den Aufnahmezweck wie etwa anläßlich eines bevorstehenden Abbruchs nicht mehr erhalten bzw. konnten nicht ermittelt werden. Trotzdem soll das Foto an dieser Stelle veröffentlicht werden, gibt es doch einen guten Eindruck von der noch stark landwirtschaftlich geprägten Umgebung der erst 1899 in das Nürnberger Stadtgebiet eingemeindeten Ortschaften rund um Nürnberg, die spätestens nach 1945 vollkommen städtisch überbaut wurden und heute wie Schoppershof zum engeren Bereich der Stadt zählen.

Eine wichtige Rolle spielten die Zeitungskioske am Rathenauplatz, jedenfalls sind sie ein häufiges Fotomotiv wie bei diesen beiden Aufnahmen. Das obere Bild aus dem Jahr 1934 überliefert das am Laufer Tor stehende Verkaufshäuschen, während das untere Foto einen Zeitungskäufer, ebenfalls während der NS-Zeit, vor dem zweiten schon am Eingang in die Sulzbacher Straße befindlichen Kiosk festhält. Das obere Foto zeigt rechts im Hintergrund am Rathenauplatz 21, der zum Zeitpunkt der Aufnahme den Namen Feldmarschall-Hindenburg-Platz trug, auch das beliebte Restaurant und Café Wanner, eine weitere Lokalität dieser Wirtsfamilie neben dem „Volksgarten" am Dutzendteich. Eine besondere Attraktion war die große Freiterrasse des 1930 nach dem Entwurf von Ludwig Ruff in modernen Formen entworfenen weißen Bauwerks. Offenbar war der Verkehr an der Kreuzung Sulzbacher und Bayreuther Straße zum Laufer Tor und Ring noch so gering, daß man sich hier in der Sonne sitzend erholen konnte. Die paar Autos, die damals vorbeikamen, wurden zudem auch noch vom mutigen Schutzmann auf der Kreuzung auf den rechten Weg gewiesen.

Am 29. August 1939 wurde diese Aufnahme über den Rathenauplatz zur Bayreuther und Sulzbacher Straße gemacht. Die Menschen warten auf ihre Straßenbahn. Wer von ihnen wußte schon, daß nur zwei Tage später ein neuer Weltkrieg beginnen würde, an dessen Ende der fast völlige Untergang ihrer Stadt stehen sollte. Die Zerstörungen am Rathenauplatz zeigen die Aufnahmen auf Seite 33.

Dieses Bild, ebenfalls aus den dreißiger Jahren, zeigt die niedrige Bebauung im unteren Teil der Bayreuther Straße mit den Häusern Nr. 7 – 11. In dem mittleren Haus Nr. 9 befand sich die Bäckerei Kümmerer. Links in den Bäumen versteckt ist noch das Café Wanner zu erkennen. Die zwischen den niedrigen alten Häusern unter Bäumen über das Kopfsteinpflaster radelnden Verkehrsteilnehmer erinnern an eine verschlafene Vorstadt in der Provinz. Lediglich die Straßenbahnschienen zeigen, daß es sich um eine der wichtigsten Ausfallstraßen der damals größten Industriestadt in Bayern handelt. Ein Vergleich mit der heutigen Bayreuther Straße an gleicher Stelle macht die Verwandlung unserer Straßen vom Lebensraum zur Verkehrsmaschine deutlich.

Als ebenfalls positives Beispiel für gelungene Firmenreklame entdeckten die städtischen Stadtbildpfleger im Jahr 1911 das Fotografenstudio Bischof und Broel in der Bayreuther Str. 21, wie ja auch die gesamte Haus- und Schaufensterfront mit einem Hauch Jugendstil einen modern gepflegten Eindruck macht. Rechts hinter den Bäumen verborgen ist die Einmündung der Veillodterstraße zu erkennen. Leider sind heute nicht nur die schönen Bäume, sondern auch die ansprechende Fassade verschwunden. Die für ihre Luftaufnahmen bekannte Fotofirma ist in das Rückgebäude in der Veillodterstraße umgezogen.

„Hochhaus 4-Jahreszeiten am Laufer Tor" nannte die bekannte Fotografin Lala Aufsberg ihre Aufnahme aus dem Jahr 1952 von dem imposanten Neubau am Eck des Rathenauplatzes zur Sulzbacher Straße (Sulzbacher Straße 1–5). Nach heutigen Maßstäben mag die Klassifizierung als Hochhaus ein wenig übertrieben erscheinen, für die frühe Wiederaufbauphase schwillt ein Stück Stolz auf das modern-elegante Gebäude nach den Plänen von Hans Anton Meyer entstandene Verwaltungsgebäude der Universa-Versicherung. Ein besonderer Anziehungspunkt war in den fünfziger Jahren das gehobene Café „4-Jahreszeiten" mit seiner Dachterrasse, während noch bis in die Siebziger das im Eingangsbereich untergebrachte Zeitungs- und Zigarettengeschäft durch seine damals kostbaren Sonntagsöffnungszeiten ein wichtiger Anlaufpunkt für die Nikotinsüchtigen ohne Kleingeld darstellte. Die größte Attraktion und ein Hauch von Weltstadt war aber dann das an der Fassade angebrachte laufende Schriftband mit den neuesten Informationen. Im Hintergrund rechts hinter der Baulücke ist der bereits ebenfalls fertiggestellte Neubau der Handwerkskammer zu erkennen.

Am südöstlichen Eingang in den Stadtpark an der Bayreuther Straße bei der Abzweigung der Pirckheimer Straße und des Rennwegs stand bis zur Kriegszerstörung dieses in bürgerlicher Neorenaissance beeindruckende Gebäude. Tatsächlich handelte es sich um zwei Häuser: Während die linke Seite zum Aufnahmezeitpunkt im Jahr 1906 das königlich bayerische Postamt 10, später dann das „Parkcafé" mit der Konditorei des Cafétiers Biber beherbergte, befanden sich in der rechten Hälfte (Bayreuther Straße 33) zunächst eine Dependance der Konditorei, kgl. Bayrischer Hoflieferant Eisenbeiß, dann ein Zigarrenhändler, vor dem Krieg dann das Milchgeschäft Denzel. Heute ist hier ein öder Parkplatz, der nur einmal im Jahr durch die Mini-Kirchweih von Maxfeld aufgewertet wird. Interessant ist das damals moderne städtische Straßeninventar: Eine Uhr mit Reklameflächen, die sich später zu einem rundum verglasten Wartehäuschen mauserte. Links die Litfaßsäule mit dem schönen Jugendstilplakat der Parfümerie Soldan, „der größten Parfümerie am Platze".

Zu Schoppershof gehören auch das Lindestadion mit Kunsteisfläche und das sich dahinter anschließende Schwimmbad. Zusammen mit dem Eisstadion wurde das Lindebad an der Äußeren Bayreuther Straße zwischen Carl-von-Linde- und Elbinger Straße und dem Leipziger Platz im Jahr 1936 eröffnet. Die 20 Jahre später, 1956, entstandene Aufnahme – das Postgebäude in der Äußeren Bayreuther Straße ist gerade eingerüstet – erweckt den Eindruck, als hätten damals fast ausschließlich männliche Besucher am Badeleben teilgenommen.

Eine Erinnerung an die Frühgeschichte des nun aufwendig und ein wenig „motzig" neu gestalteten Leipziger Platzes. Mehr als zwanzig Jahre standen diese Holzbaracken auf dem erst 1929 mit dem Namen Leipziger Platz versehenen Gelände vor dem Nordostbahnhof, ehe auch sie, noch immer vermietet, in Folge eines Luftangriffs verbrannten. 1919 wurden die vier Holzhäuser als Behelfsunterkünfte für Wohnungslose errichtet (Äußere Bayreuther Straße 108–114). Der damalige Oberbürgermeister Dr. Luppe bezeichnete rückblickend in seinen Erinnerungen die durch den Krieg hervorgerufene Wohnungsnot als eines der schwersten und schier unlösbaren Probleme. Die Aufnahme in Richtung Äußere Bayreuther Straße entstand noch während der Bauarbeiten im Juni 1919.

Die Fotografie dieses Bauernhofes entstand im September 1904 als schon feststand, daß die Häuser des Deumentenhofes im April 1905 abgerissen werden würden. Aber immerhin lebt der Name des Anwesens im Namen der Deumentenstraße fort. Etwa in der Höhe der Kant- und Hegelstraße auf dem heutigen Gebiet des Stadtparks gelegen, mußte der Hof der Vergrößerung des Parks nach Norden zur Virchowstraße weichen. Bei dem Mann in der Öffnung des Gartenzauns, allerdings nur mit der Lupe noch zu erkennen, handelt es sich wohl um den letzten Besitzer, Herrn Süß.

Wohl von Ferdinand Schmidt, Nürnbergs wichtigstem Fotografen des 19. Jahrhunderts, stammt die Aufnahme von diesem Biergarten während der 1. Bayerischen Landes-, Gewerbe-, Industrie- und Kunstausstellung 1882 auf dem Maxfeld, dem südlichen Teil des Judenbühls, das dem ganzen Stadtviertel den Namen gegeben hat. Diese wie die nächste, 1896 ebenfalls auf dem Maxfeld stattfindende Landesausstellung spielte eine wichtige Rolle nicht nur für die industrielle, wirtschaftliche und verkehrliche (z.B. die Einführung der Straßenbahn und deren Elektrifizierung) Entwicklung der ganzen Stadt, sondern auch für das raschere Wachstum der Nordstadt. Nicht zuletzt entstand aus dem Gelände für die Ausstellung und Leistungsschau 1882 der Nürnberger Stadtpark. Zurück zum Foto: Selbstverständlich bot die Ausstellung frei nach dem Motto „Ausstellen und Anschauen macht durstig!" und nach den Anschriften der Wände zu schließen, auch eine Leistungsschau der bayerischen Spitzenbrauereien und ihrer Biere.

Über den Weiher hinweg gelang dem Fotografen im Jahr 1930 diese schöne Aufnahme, die die Lichtstimmung eines Herbstmorgens über die Jahrzehnte bewahrt hat. Im Hintergrund, noch in den Morgendunst getaucht, das alte Stadtparkrestaurant. Die wenigsten der Besucher des Parks sind sich bewußt, wieviel Nürnberger Geschichte sich hier ereignete. In einzelnen Vorgängen spiegeln sich beispielhaft wichtige Aspekte der Stadtgeschichte: Nach der Überlieferung wurden auf dem Judenbühl während des Pogroms im Jahr 1349 die Nürnberger Juden verbrannt. Die Zahl der Ermordeten wird mit 562 Menschen angegeben. 1825 wurde das Gebiet der Gärten hinter der Veste nach Nürnberg eingemeindet. 1849 fand hier im Zusammenhang mit den Revolutionsereignissen ein großer Frankentag statt, eine der größten Kundgebungen für die Republik. Als Schauplatz des Nürnberger Volksfests von 1855 erhielt der Judenbühl dann den Namen Maxfeld zu Ehren des teilnehmenden Königs Max II. Zwischen 1872 und 1884 war das Maxfeld erneut Schauplatz der Nürnberger Volksfeste.

Seine für die Nürnberger Geschichte größte Zeit erlebte das Gelände des Nürnberger Stadtparks in der zweiten Hälfte des 19. Jahrhunderts. So fand hier vom 20.–22. Juli 1861 das deutsche Sängerfest statt. In einer riesigen, eigens dafür erbauten Halle fanden sich 5300 Sänger aus ganz Deutschland und 14000 Zuschauer zusammen und demonstrierten, wie man heute sagen würde, für die Einigung der auf viele Staaten verteilten Deutschen (vgl. auch Nürnberger Erinnerungen Band 9). An das Sängerfest erinnern heute noch die beiden großen Marmorziervasen. Das Fest verstärkte Nürnbergs Ruf als besonderer nationaler Stadt ebenso wie die beiden Landesgewerbe- und Industrieausstellungen von 1882 und 1896 auf dem Maxfeld Nürnbergs Bedeutung als „industrielles Herz Bayerns" hervorhoben. Nach 1882 entstand mit dem Stadtpark auch das elegante Stadtparkrestaurant, das in der Folge zum Schauplatz fast aller wichtigen Empfänge um die Jahrhundertwende avancierte. Fotografiert wurde das repräsentative Gebäude von Ferdinand Schmidt im Jahre 1909.

Ebenfalls von Ferdinand Schmidt stammt diese Fotografie. Sie zeigt eine Sicht aus Richtung Nordbahnhof über die Ackerlandschaft im nördlichen Bereich der Gemarkung Gärten hinter der Veste auf die hier von rechts kommende Koberger Straße beim Zusammentreffen mit Rollner- und der damaligen Äußeren Rollnerstraße. Als markante Punkte sind auszumachen die Möbelfabrik der Firma J. A. Eysser in der Koberger Straße 15, die damals ihren Hauptsitz im Pellerhaus am Egidienplatz hatte und rechts davon der Kirchenneubau von St. Matthäus in der Äußeren Rollner Straße 12. Das neugotische Kirchlein, eine Filialkirche von St. Johannis, war im Jahr 1890 geweiht worden. Die Aufnahme entstand in den Jahren um 1900. Fotos wie dieses machen die zum Teil sehr unstrukturierte Entwicklung und Bebauung der neuen Vorstädte mit den sich entlang der alten Straßen langsam vorschiebenden Neubauten deutlich. So war die Rollnerstraße ursprünglich einer der drei alten, die Gärten hinter der Veste durchschneidenden Wege.

Wohl im städtischen Auftrag fotografierte Ferdinand Schmidt 1898, im Jahr der Fertigstellung das Schulhaus in der Goethestraße 42, einen der letzten Volksschulneubauten im 19. Jahrhundert und mit 30 Klassenzimmer auch einer der größten. Das explodierende Bevölkerungswachstum durch immer neuen Zuzug aus den ländlichen Bereichen wie der Geburtenüberschuß bei den hohen Kinderzahlen der meist jungen Einwanderer machte immer weitere Neubauten notwendig, die von der Stadtverwaltung trotz fehlender Mittel mutig angegangen wurden. Mit dem allmählichen Rückgang der Kinderzahlen konnten einzelne Volksschulen auch neu genutzt werden. So wurde das Goetheschulhaus 1925 der Höheren Handelsschule für Knaben zugewiesen und erhielt z. T. besser ausgestattete Räume. Schon beim ersten großen Luftangriff auf Nürnberg in der Nacht vom 28. zum 29. August 1942 kam das Ende für das Schulhaus. Die Höhere Handelsschule wanderte in weit beengtere Verhältnisse in das Schulhaus am Webersplatz. Die Goetheschule wurde nach dem Kriege nicht wieder aufgebaut.

Auch die Außenwerbung der Kolonialwarenhandlung von Richard Möbus in der Schonhoverstraße 2 am Eck zur rechts abzweigenden Veillodterstraße fand die Anerkennung der städtischen Reklametafelprüfer. So wurde das im Krieg ebenfalls verschwundene schmucke und trotz geringer Geschoßzahl recht grosßstädtisch wirkende Eckhaus mit dem Möbusschen Geschäft wenigstens als Foto der Nachwelt erhalten. Auch hier im oberen Bereich der zur Maxfeldstraße führenden Schonhoverstraße dominiert die noch relativ niedere Bebauung der achtziger und neunziger Jahre des letzten Jahrhunderts.

Die Pirckheimerstraße ist auch heute noch die wichtigste, vielbefahrene Ost-West-Verbindung im burgnahen Bereich der Nordstadt. Während in ihrer Osthälfte die alte Bebauung aus der Zeit vor der Jahrhundertwende im Zweiten Weltkrieg bis auf wenige Ausnahmen zerstört wurde, hat sie in ihrem westlichen Bereich das alte Gesicht größtenteils bewahren können. Die noch vor dem Ersten Weltkrieg angefertigte Fotografie der „mittleren Pirckheimerstraße", wie das Bild betitelt ist, entstand in Höhe des Hauses Nr. 37, in dem sich heute die Filiale der Stadtsparkasse befindet, in Richtung Osten. Links und rechts zweigt die Krelingstraße ab. Die Häuser der linken Straßenseite Nr. 39–43 sind vollständig erhalten, während auf der rechten Straßenfront die mittleren hohen Ziergiebelhäuser Nr. 36 und 38 neu aufgebaut wurden. Weiter westwärts vor der Abzweigung zur Pilotystraße und nicht mehr auf dem Bild, erinnern auf der rechten Seite heute noch die dort stehenden villenartigen Gebäude an die erste Bebauungsphase der Pirckheimerstraße.

Die Aufnahme des niedrigen, langgestreckten Häuschens Maxfeldstraße 5 stammt aus dem Denkmalsarchiv von Dr. August Nagel, der schon vor dem Ersten Weltkrieg, vor allem aber in den zwanziger und dreißiger Jahren nahezu alle wichtigen Bau- und Gebäudeformen vom Herrensitz bis zum Gartenhäuschen, vom Chörlein bis zum Türschloß fotografisch erfaßte und archivierte. Dieses im Jahr 1908 fotografierte Gebäude diente noch bis in die dreißiger Jahre als Wohnhaus für die Bleistiftarbeiter der Firma Schwanhäußer.

Längst von den hohen Mietshäusern umbaut, wurde auch dieser Bauernhof mit der Anschrift Pilotystraße 44, etwa auf der Höhe der Kreuzung mit der Schweppermannstraße, vor seinem Abriß im Oktober 1911 noch einmal fotografiert. Die Pilotystraße, einer der drei alten Wege durch die Gärten hinter der Veste, trug damals noch den Namen Nebengasse.

In der Nebengasse 8, der heutigen Pilotystraße, lag der lauschige „Alfasgarten", ein Wirtshaus, das sich aus einem Anwesen auf dem gleichnamigen Garten entwickelt hatte und sich allgemeiner Beliebtheit erfreute. Die Wirtschaft wurde wohl im Jahr 1882 in den Gebäuden eingerichtet. Jedenfalls wird in den städtischen Adreßbüchern von da an eine Familie Raaber als Inhaber bis in das Jahr 1893 aufgeführt. Danach zog die Familie Bohl ein, die den Ausschank bis ins Jahr 1928 betrieb, als die Stadt das Anwesen übernahm, den Abriß einleitete, um es 1929 mit einem Schulhaus für die Frauenberufe zu bebauen. Damals ebenfalls erwogene Pläne, hier auch ein eigenes Gebäude für das Konservatorium zu errichten, wurden nicht verwirklicht. Heute befindet sich in der Pilotystraße 4 nach der Kriegszerstörung dieses Schulhauses die in einem Neubau untergebrachte Berufsschule 7 mit den verschiedensten Fachschulen für Sozialberufe und Hauswirtschaft. Die beiden Aufnahmen entstanden im August 1928 und zeigen das Wirtshaus mit dem dazugehörigen Garten und wahrscheinlich auch deren letztem Inhaber wohl als abschließende offizielle Erinnerung vor dem Abriß.

Auch die Nordstadt blieb nicht von den zerstörerischen Luftangriffen des Zweiten Weltkriegs verschont, wenngleich die Schäden und die Zahl der Opfer im Vergleich zu anderen Nürnberger Vorstädten etwas geringer blieben. Allerdings waren die Zerstörungen und Schäden an Gebäuden im Osten von Maxfeld weitaus höher als im westlichen Teil. Die Fotografie von der Rollnerstraße nach Norden wurde im März 1944 auf der Höhe der Meuschelstraße aufgenommen und zeigt die bis dahin noch geringen Schäden. Bei Kriegsende war dann aber die gesamte rechte Häuserreihe der Nummern Rollnerstraße 40–46 sowie Meuschelstraße 61 vollständig zerstört und wurde neu aufgebaut, während die linke westliche Seite bis auf geringe Veränderungen mit den Häusern Meuschelstraße 57 und Rollnerstraße 35–43 erhalten blieb.

Wohl im letzten Jahrzehnt vor der Jahrhundertwende fotografierte Ferdinand Schmidt diese winterliche Sicht über den Vestnertorgraben nach Norden zur Pilotystraße. Deutlich wird die noch dünne Bebauung und der eher ländliche Stadtrandcharakter. Der Blick reicht bis ins Knoblauchsland, das sich ja damals noch weiter an die Stadt heran erstreckte.

Oberhalb der Einmündung des Vestnertorgrabens zur Bucher Straße stand um die Jahrhundertwende noch dieses Häuschen. Auf der Rückseite des damals entstandenen Fotos findet sich unter der Überschrift „Das kleinste Nürnberger Kaufhaus in der Bucher Straße" der folgende Text:. „Gleich zu Anfang der von der Nürnberger Burg nach Norden führenden modernen stark belebten Bucher Straße erhebt sich als Wahrzeichen vergangener Zeiten das sehr kleine, aber vollständig massiv gebaute und heizbare Häuschen, dessen Größenverhältnisse am besten durch das danebenstehende Transformatorhaus der städt. Elektrizitätswerke gekennzeichnet werden. Unberührt vom Wechsel der Zeiten verkauft eine alte Frau hier Zuckerwaren, Brot und Obst und anderes an die Passanten." Das Bild wurde von einem Fotografen R. Hirthe aus Schwabach gemacht, wahrscheinlich stammt auch die kleine Beschreibung von ihm.

Noch in der Mitte der dreißiger Jahre bot die Bucher Straße an ihrem Beginn in Höhe des Tiergärtnertores diese lauschige Ansicht. Nur unten an der Biegung in Richtung Pirckheimerstraße sind am Straßenrand Autos zu erkennen. Die Linie 5 als das einzige ernsthafte Verkehrsmittel hat ihre Schienen für sich allein.

Vom Beginn der zwanziger Jahre stammt diese private Fotografie mit einem Blick nach Süden durch die Bucher Straße von der Einmündung der Kressenstraße. Im Hintergrund links ist eine damals vor den Abzweigungen der Koberger- und Schweppermannstraße noch befindliche schmale Grünanlage zu erkennen, die in die Platnersanlage, den heutigen Friedrich-Ebert-Platz, überging.

Am Eck von Bucher- und Archivstraße entstand 1907 auf dem ehemaligen Grundstück der Familie Platner das neue Gesellschaftsgebäude der Gesellschaft Colleg. 1781 gegründet, war sie während des 19. Jahrhunderts die bedeutendste bürgerliche gesellige und kulturelle Vereinigung. Der nach dem Vorbild von Schloß Solitüde von dem Architekten Emanuel von Seidl entworfene Bau mit Flügeln entlang der beiden Straßen wurde von einem Rundgebäude (hier die Ansicht von der Gartenseite her) zusammengehalten. Schon während des Ersten Weltkriegs wurde in dem Neubau ein Lazarett eingerichtet. 1941 verkaufte die Collegegesellschaft das Grundstück mit dem Gebäude an die Stadt, die darin ein Hilfskrankenhaus unterbrachte. Nach Beschädigungen durch den Krieg wurde das große Haus abgerissen und die Parkanlage am Friedrich-Ebert-Platz vergrößert.

Während des Abrisses des Schwedenhauses in der Äußeren Bucher Straße 33 im April 1966 wurde diese Aufnahme zur Dokumentation erstellt. Mit den modernen naturwissenschaftlichen Möglichkeiten (Dendrochronologie) konnte der Zeitpunkt des Fällens der Bäume für das Dachgerüst genau bestimmt werden: Es war das Jahr 1551. Das damit über 400 Jahre alte Vollwalmdachhaus im Nürnberger Norden gehört zu dem damals in der Umgebung von Nürnberg üblichen mittelalterlichen bäuerlichen Haustypus, den auch Albrecht Dürer im Bilde festgehalten hat und der im Fränkischen Freilandmuseum in Windsheim begangen und studiert werden kann. Die inzwischen, so die Klage der „Altstadtfreunde" 1995, beschädigten und dezimierten Reste des Holzgerüstes des abgebildeten hervorragenden Baudenkmals, lagern in einem städtischen Depot vor sich hin.

Diese Vergrößerung aus einer von der Kaiserburg etwa um 1870 aufgenommenen Fotografie von Ferdinand Schmidt zeigt die alte Vorstadt Johannis, die sich noch kaum über den Johannisfriedhof hinaus ausgedehnt hat. Links unten sind die Burgschmietstraße und die Heilig-Kreuz-Kirche von der nordöstlichen Seite her zu erkennen. In der Bildmitte hinter der baumbestandenen Johannisstraße liegt der Johannisfriedhof, rechts davon erstrecken sich die Johannisfelder. Hinter der noch vollständig unbebauten Flur im Hintergrund verläuft, durch die lange Pappelallee gut erkennbar, die Fürther Straße zu der rechts am Bildrand im Dunst liegenden Nachbarstadt. Gerade solche Überblicksaufnahmen aus dem letzten Drittel des 19. Jahrhunderts verdeutlichen besonders gut, wie „jung" unsere heutigen Wohngebiete noch sind und wie schnell sich die Umstellung auf die städtische Lebensweise vollzogen hat.

Im März 1941 fotografierte Dr. August Nagel vom Neutor aus über die Bastion hinweg den Eingang in die Johannisstraße. Links das noch erhaltene Gebäude Neutorgraben 5, rechts das kurze Zeit darauf zerbombte Haus Johannisstraße 1 mit der dahinterliegenden noch ausgedehnten Gartenanlage. Während die Turmhaube des Heilig-Kreuz-Kirchleins zwischen den hohen Häusern auf der rechten Seite kaum erkennbar ist, überragt der Turm der 1928 fertiggestellten Friedenskirche die mit Schnee bedeckten Dächer.

1354 erstmals erwähnt wurde das ehemals an der Johannisstraße 20–24 gelegene Pilgerspital „Zum Heiligen Kreuz", dessen gleichnamiges Kirchlein 1402 erbaut und nach Zerstörungen 1552 im Krieg gegen den Ansbacher Markgrafen im Jahr 1561 in der endgültigen Form wieder erneuert wurde. Das Spital diente als wichtige Sozialeinrichtung, der Unterkunft und Verpflegung von Pilgern und Wanderern. Zu seinen besten Zeiten gegen Ende des 15. Jahrhunderts wurden hier jährlich 1600 Menschen verpflegt. Zu Beginn des 19. Jahrhunderts entstand aus dem am rechten Bildrand erkennbaren niedrigen Herbergsgebäude die bis zu ihrem Ende beliebte Gastwirtschaft „Zum Heiligen Kreuz", von den Nürnbergern liebevoll „Kreuzle" genannt. Die Aufnahme aus dem Jahr 1905 zeigt das Kirchlein, links davon das von den Pflegern aus der Familie Haller bewohnte Herrenhaus. Links vorne die an der Johannisstraße angrenzenden Gebäude: Links das Gartenhaus, rechts neben dem Tor die Spitalgebäude.

Das war alles, was 1945, als die Aufnahme gemacht wurde, von den teilweise fast 600 Jahre alten Gebäuden des Pilgrimspitals und der Kirche Heilig-Kreuz übriggeblieben war. Schon 1943 wurde das „Kreuzle“ zerstört. Der schlimme Angriff am 2. Januar 1945 brachte dann dieser wichtigen Einrichtung in Johannis das Ende. Glücklicherweise war wenigstens ein Teil der Kunstschätze aus dem Inneren vorher in Sicherheit gebracht worden und fand in verschiedenen Nürnberger Kirchen wie der St. Johanniskirche, St. Jobst und vor allem in der 1952 wiederhergestellten Friedenskirche einen neuen Platz. Heute erinnern noch einige Mauerreste und der beschädigte „Ölberg“ im Innenhof des in der Nachkriegszeit neugebauten Wohnblocks an der St. Johannis-Mühlgasse an dieses Stück Nürnberger Geschichte.

In der St. Johannis-Mühlgasse 2, dem Eckhaus zur Johannisstraße 2, betrieb Fritz Messthaler 1912, im Jahr der Aufnahme, sein Zigarrengeschäft und den Ausschank des guten Vollrath-Branntweins, wie auf den Schildern zu lesen ist. Zudem gab's auch den „General-Anzeiger“, laut der Reklame die „gelesenste Zeitung“ und das „wirksamste Anzeigenblatt“. Die vor dem Geschäftchen posierenden Knaben gehörten wohl hoffentlich noch nicht zur Stammkundschaft des Hauses. Die beiden in der Kindergruppe stehenden Mädchen waren wegen des Fotografierens offenbar so aufgeregt, daß sie sich ganz schnell bewegten und so nur ganz verwischt in die Geschichte eingegangen sind.

Nicht datiert und auch sonst nicht beschriftet ist dieses schöne und irgendwie an die „gute alte Zeit" – wie man sie sich vorstellt – erinnernde Foto. Es entstand mit großer Wahrscheinlichkeit noch vor 1900 und zeigt wohl das Gartenhäuschen im Anwesen Johannisstraße 31, das noch August Nagel im Jahr 1935 für sein Denkmalarchiv fotografiert hat. Die Jugend- und Blütezeit der beiden alten Herren lag sicherlich noch in der Vorkaiserzeit, vielleicht waren sie schon 1848/49 aktiv? Was wissen wir noch von den Menschen und Gesichtern, die uns auf den alten Fotos begegnen? Oft nur, daß sie schon vor uns da waren und schon lange wieder gegangen sind.

Von Friedrich Traugott Schulz – er war in der Weimarer Zeit Leiter der Nürnberger Kunstsammlungen, bis ihn die Nationalsozialisten aus dem Amt jagten – stammt diese Fotografie aus dem Jahr 1908. Auf der linken Seite der St. Johannis-Mühlgasse hat sich nicht viel verändert, nur fehlt heute der mit dem Heilig-Kreuz-Kirchlein krönende Abschluß für die über die Johannisstraße aufsteigende Gasse.

Diese 1912 entlang der Häuser Johannisstraße 13–21 nach Westen gemachte Aufnahme zeigt noch den gemischten Betrieb im Straßenverkehr aus Mensch, Handwagen, Pferd und Straßenbahn. Die „Sechser" auf ihrem Weg nach Erlenstegen hat gerade die Abzweigung der St. Johannis-Mühlgasse hinter sich gelassen und bewegt sich auf die Häuser aus der Barockzeit zu, die mit Ausnahme der im Krieg völlig zerstörten Nr. 15 zur Rückseite hin noch Reste der früher ausgedehnteren Gartenanwesen behalten haben, die auch teilweise wiederhergestellt wurden.

Wohl kurz vor dem Kriege wurde dieses Foto von einem Amateur gemacht. Interessant sind rechts die Baureihe der Häuser der Johannisstraße und links bei der Einmündung der Burgschmietstraße das Vorstadtkino von St. Johannis, das bereits 1910 durch die Umwandlung eines Kinos entstandene „Orpheum", von den Nürnbergern „Orfalä" genannt. Auf den Plakaten und der Schrift am Kinoeingang wird gerade die Vorstellung „Variété" mit Hans Albers angezeigt. 1943 wurde das Haus zerstört. 1949 konnte der Kinobetrieb wieder aufgenommen werden, ehe auch das „Orpheum" in den sechziger Jahren im Zuge des Kinosterbens den üblichen Transformationsprozeß zum schlichten Supermarkt durchmachen mußte.

Von der einst fast dörflich wirkenden Atmosphäre in der früher von der Hallerwiese zur Johannisstraße hochführenden Lindengasse ist nicht mehr allzuviel geblieben. Aber noch immer stehen die Häuser Lindengasse 3, hier auf einer Aufnahme aus dem Jahr 1918.

In den 1880er Jahren fertigte Ferdinand Schmidt diese ausdrucksstarke Aufnahme vom Johannisfriedhof. Noch ist wenig von der ihn bald umgebenden Bebauung zu erkennen. Schmidt richtete die Aufnahmeperspektive in fast moderner Manier auf die Grabplattenlandschaft, die durch die aufgearbeiteten Bronzetafeln mit ihren Darstellungen von Handwerkssymbolen, Familienreihen und anderen Köstlichkeiten zu einem „Bilderbuch der Nürnberger Geschichte" (Mulzer) berühmt wurde. Die ältesten Gräber datieren aus dem Jahr 1520, doch wann genau der Friedhof entstanden ist, ist nicht bekannt. Vermutlich ist er noch älter als seine erste Erwähnung im Jahr 1395. Die heutige Kirche stammt aus dem Jahr 1377, doch im Zusammenhang mit dem wohl schon um 1234 bestehenden Siechenkobel an der Johannisstraße gab es wahrscheinlich auch schon früher eine Kapelle.

Die Fotografie stammt aus dem Jahr 1918 und zeigt die Gartenseite des Barockgebäudes Johannisstraße 13 (siehe auch S. 77). Der Garten selbst stellt auch in seiner heutigen rekonstruierten und um ein Drittel seiner ursprünglichen Länge gekürzten Form ein gutes Beispiel für einen der Johanniser Hesperidengärten dar. Hinter den an der Straße liegenden Häusern öffneten sich lange schmale Grundstücke zur Hallerwiese bzw. zur Pegnitz. Die Seiten zu den Nachbarn waren durch die Seitenflügel, die sogenannten Abseiten, – auf dem Foto gut erkennbar – abgeschirmt. Der eigentliche Garten war durch Längs- und Querwege zwischen den mit Buchs eingefaßten Beeten gegliedert. Je nach Besitzer war der Garten mit Skulpturen, Springbrunnen, Laubengängen angereichert. Mit der Wiederherstellung der ersten Johanniser Hesperidengärten nach dem Kriege Ende der sechziger und in den siebziger Jahren – leider gingen nicht nur durch den Krieg, sondern auch durch die Neubebauung nicht wenige Gärten verloren oder wurden stark verkleinert – wurde auch damit begonnen, sie für die Öffentlichkeit zu öffnen oder zu bespielen. Das zeigt im wahrsten Sinne des Wortes die untere Aufnahme vom August 1969 mit einer Aufführung der Hans-Sachs-Spielgruppe.

Wenigstens nach dieser Aufnahme zu schließen, befand sich einer der romantischsten Johanniser Gärten hinter dem Haus Johannisstraße 19, in dem sich lange Zeit ein Fotostudio befand. Um den reizenden Brunnen gruppieren sich die Skulpturen der vier Jahreszeiten. Brunnen und Figuren sind heute verschwunden und infolge der starken Vernachlässigung des Anwesens bot das Ganze bisher einen eher erbarmungswüdigen Anblick. Das Gebäude wird aber derzeit renoviert und es steht zu hoffen, daß auch der immer noch schön zugewachsene Garten wieder das alte Gesicht erhält wie es das Foto aus dem Jahr 1918 dokumentiert.

Die Gleisbauarbeiten in der Johannisstraße am 19. August 1913 an der Abzweigung des Kirchenwegs links und der Brückenstraße rechts boten einem unbekannten Fotografen den Anlaß für diese Aufnahme. Bei dem kleinen Sandsteingebäude hinter der „Sechser" handelt es sich um das alte Schulhaus Johannisstraße 60 mit der angebauten Schulbaracke, während sich in dem Eckhaus rechts, Johannisstraße 63, eine Bäckerei befand.

Im April 1944 fotografierten die Fotografen des städtischen Hochbauamtes im Zuge ihrer Sicherungsaufnahmen der Vorstadtstraßen im Blick auf eventuelle Zerstörungen auch diesen Abschnitt der Johannisstraße ab der Nummer 72, in dem sich das Gasthaus „Zur Sternschanze" befand, eines der alten Arbeiterwirtshäuser in Johannis. Seinen Namen trug es nach der ehemals hier gelegenen und aus dem Dreißigjährigen Krieg stammenden Befestigungsanlage, dem nördlichen Gegenstück zur „Bärenschanze". Noch heute ist die Johannisstraße in diesem Bereich geprägt durch die gemischte Bebauung aus dem letzten Jahrzehnt vor 1900.

Fast wie eine überdimensionierte Dorfkirche über ihrer Ortschaft wirkt die schon vor dem Ersten Weltkrieg von German Bestelmeyer entworfene, aber erst von 1925–1928 nach seinen Plänen erbaute Friedenskirche auf dieser, von einem Standort an der Deutschherrnwiese gefertigten Aufnahme aus dem Jahr 1932. Im Vordergrund sind die Gebäude des Kerns von Kleinweidenmühle mit der Deutschherrn-Garage zu erkennen.

Am 3. Oktober 1944 brannte die Friedenskirche am Palmplatz vollständig aus. Was übrig blieb, zeigt diese Fotografie aus dem Jahre 1945 nach Kriegsende. 1950 begann der Wiederaufbau, 1952 wurde die evangelische Pfarrkirche von St. Johannis wieder geweiht. Heute beherbergt die Friedenskirche nicht wenige der aus der zerstörten Heilig-Kreuz-Kirche über den Krieg geretteten Kunstwerke. Hervorzuheben ist vor allem der nach dem gleichnamigen Stifter benannte Peringsdörfer Altar mit der bewegenden Beweinung Christi, der für die Augustinerkirche geschaffen und 1486 geweiht, aber schon im Jahr 1564 nach Heilig-Kreuz überführt wurde.

Im Jahr 1942, kurze Zeit bevor das Mühlengebäude 1945 völlig ausbrannte, fotografierte Dr. August Nagel noch einmal die Großweidenmühlen mit ihrem Wehr von der gegenüberliegenden Kleinweidenmühle aus. Zum Hauptgebäude zählen die drei oberen Räder, während die beiden unteren Radhäuser zur Kunstmühle Fehr gehörten, die noch bis 1967 mit Wasserkraft arbeitete. Die Schenkung von drei Mühlen von König Heinrich VII. im Jahr 1234 an den Deutschen Orden gilt als die früheste Erwähnung von St. Johannis. Nach dem Übergang der Mühlen an die Stadt wurden schon 1439 eine Mühle zum Drahtziehen und wohl noch im 15. Jahrhundert ein Eisenhammer eingerichtet. Im Jahr 1700 entstand in der „Imhoffschen Weidenmühl" ein städtisches Pumpwerk zur Bewässerung der Gärten von St. Johannis. 1856 erwarb der Fabrikant Georg Andreas Fröscheis den ehemaligen oberen Eisenhammer. 1860 begann dann hier mit der Graphitvermahlung die Geschichte der Bleistiftfirma „Lyra", die dann 1878 in der Großweidenmühlstraße ihr neues Fabrikgebäude errichtete.

Johannis ist nicht nur das Stadtviertel in Nürnberg mit der größten Fläche für Krankenhäuser, auch in der Geschichte des Nürnberger Gesundheitswesens nimmt es einen besonderen Platz ein. Neben dem Siechkobel, dem Leprosenhaus an der Johannisstraße, entstand durch eine Stiftung des Nürnberger Bürgers Konrad Topler zwischen 1498 und 1528 unterhalb des Johannisfriedhofs an der Pegnitz eines der ältesten Pestspitäler in Deutschland. Schon 1552 wurde es im Markgrafenkrieg zerstört. Die wiederaufgebauten großen Gebäude lagen an der Großweidenmühlstraße 31–33. Allerdings öffnete sie die Stadt wegen der Anziehungskraft auf auswärtige Kranke nur beim Ausbruch der Pest in Nürnberg selbst. Als gegen Ende des 17. Jahrhunderts die Seuchengefahr nachließ, wurden erstmals ältere pflegebedürftige Menschen untergebracht, nach 1695 wurden die Gebäude bis in die Mitte des 19. Jahrhunderts als Kasernen genutzt. In der zweiten Hälfte des 19. Jahrhunderts erfolgte die Umwandlung in ein Pfründner- und Altenheim bei gleichzeitiger Vergrößerung durch die Gebäude Großweidenmühlstraße 18–22. 1909 beschloß der Stadtrat den Bau eines modernen Altenheims, unseres heutigen Sebastiansspitals in Veilhof. Der Umzug der alten Menschen in die neue Einrichtung (siehe Nürnberger Erinnerungen 9) konnte aber erst nach dem Ende des Ersten Weltkriegs erfolgen. Die obere Aufnahme vom Februar 1914 zeigt in einem Blick von der Höhe der Lindengasse rechts das Verwaltungsgebäude Großweidenmühlstraße 18, dahinter rauchen die Schlote der Lyra-Bleistiftfabrik. In der Mitte im Hintergrund stehen die Bauten des alten Pestspitals, die

im Zweiten Weltkrieg stark beschädigt wurden. Unten: Am gleichen Aufnahmetag entstand die Fotografie des neueren Gebäudes Großweidenmühlstraße 18–22. Oberhalb des Hauses rechts ist die Mauer des Johannisfriedhofs zu erkennen. Ebenfalls 1914 wurde auch die obenstehende Aufnahme an der Abzweigung zum Areal des alten Spitals gemacht. Sie zeigt links das Gebäude Großweidenmühlstraße 33, das damals als Armenbeschäftigungsanstalt diente. Rechts sind die beiden kleinen Häuschen Großweidenmühlstraße 41 und 43 zu erkennen, die ebenfalls im Besitz der städtischen Wohltätigkeitsstiftungen waren. Im hinteren Häuschen befand sich um die Jahrhundertwende ein Wirtshaus mit dem schönen Namen „Zum Veteranengärtchen". Heute steht das wiederhergestellte Gebäude Nr. 33 unter Denkmalschutz und dient als Unterkunft für Männer ohne festen Wohnsitz.

Trotz aller Unschärfen und objektivbedingten Verzerrungen ist diese Fotografie von 1914 doch so schön und informativ, daß sie hier nicht fehlen sollte. Sie zeigt die Waschküche des Sebastiansspitals im Gebäude Großweidenmühlstraße 18–22 und erinnert an die Mühsal der Arbeit zu Zeiten unserer Großmütter. Neben der aufsichtführenden Schwester ist im Hintergrund in der Mitte ein älterer Herr, offenbar einer der „Veteranen" aus dem Altenheim zu erkennen. Vielleicht vetrieb er sich die Zeit damit, endlich einmal bei der Arbeit zusehen zu können.

Das 1897 auf dem Gelände des ehemaligen Rohlederersgarten an der Flurstraße eröffnete neue Krankenhaus (siehe Nürnberger Erinnerungen 9) ist natürlich die bedeutendste moderne medizinische Einrichtung in Johannis. Daneben stellt der Stadtteil mit der Klinik Hallerwiese und der Cnopfschen Kinderklinik zwei weitere wichtige Krankenhäuser. Ein besonderes Problemfeld für die wachsende Großstadt blieb aber lange Zeit der Mangel einer angemessenen Einrichtung für die Frauenmedizin und klinische Versorgung bei Entbindungen wie für Wöchnerinnen. Auf Initiative des Vereins „Frauenwohl" entstand 1898 in der Rieterstraße 77 ein Wöchnerinnenheim, das insbesondere ärmeren Frauen nach der Entbindung die bis dahin für diesen Personenkreis offenbar als unnötig betrachtete Ruhe und Erholung bieten sollte. Die schon 1913 gefaßten Pläne, das unter enormem Platzmangel leidende Wöchnerinnenheim durch einen Klinikneubau zu ersetzen, konnten wegen Krieg und Geldmangel erst nach 1928 verwirklicht werden. Die obere Fotografie vom April 1928 zeigt das Gelände der im Dezember 1930 eröffneten Frauenklinik am Kirchenweg wenige Monate vor dem ersten Spatenstich im September 1928. Im Hintergrund zeigt der Zaun die damals noch dahinter verlaufende Rieterstraße. Auf der unteren Fotografie von der fertiggestellten Frauenklinik, Kirchenweg 48, zeigen sich einige der gerade im Säuglingsheim untergebrachten Jung-Nürnberger dem Fotografen. Vielleicht erkennt sich der eine oder andere Leser wieder.

Von der Deutschherrnwiese ist heute nicht mehr viel geblieben. Noch um die Jahrhundertwende erstreckte sich die große Freifläche von der Praterstraße entlang der Deutschherrnstraße bis zur Johannisbrücke, auch wenn strenggenommen nur die östliche Hälfte unter diesem, auf die ursprünglichen Besitzer hinweisenden Namen für die verschiedensten Zwecke genutzt wurde. Jedenfalls hat die zur Gemarkung Kleinweidenmühle zählende Wiese früher für die Nürnberger eine große Rolle gespielt und ist geschichtsträchtiger Boden, der allein in diesem Jahrhundert viel gesehen hat: Bis zum Ersten Weltkrieg diente das Areal als Übungs- und Paradeplatz für das örtliche Militär. Vor allem die Chevaulegers aus der nahegelegenen Bärenschanzkaserne lernten die Wiese kennen – manche häufiger als ihnen lieb war. Hier begann einstmals ein wichtiger Teil der deutschen Fußballgeschichte. Im Jahr 1900 wurde im nahegelegenen Wirtshaus der 1. Fußballclub Nürnberg gegründet, der auf der Deutschherrnwiese seine ersten Spiele austrug. In den Jahren 1919 – 1924 war die Wiese Schauplatz des Nürnberger Volksfestes (siehe die folgende Seite), aber auch verschiedener Märkte und Messen. In der Weimarer Zeit fanden hier

die Schulsportfeste statt, wie ja überhaupt der Sport auf der Deutschherrnwiese immer eine große Rolle gespielt hat. Die kleine Tribünenanlage auf unserem wohl in der Mitte der dreißiger Jahre entstandenen Panoramafoto zeigt diese Funktion. Auf der Deutschherrnwiese gastierten auch noch in der Zeit nach dem Zweiten Weltkrieg Zirkusse, vor allem aber war die große Freifläche über Jahrzehnte Aufmarschplatz und oft auch Endpunkt nahezu aller großen, in die Altstadt führenden Festzüge und Demonstrationen in der ersten Hälfte dieses Jahrhunderts. Das gilt für den „Deutschen Tag" 1923, der ersten Massenveranstaltung der Nazis, wie für die Nürnberger Faschingszüge. Wer die vorangegangenen Fotos betrachtet hat, vermag sich leicht auf dem im Hintergrund sich aufbauenden Panorama zu orientieren. Es reicht von St. Sebald im Osten über den Neutorturm, den Sinwellturm, die Friedenskirche, Kleinweidenmühle, das alte Sebastianspital, die „Lyra" bis zur Bayerischen Metallwarenfabrik in der Steinstraße. Daß die Deutschherrnwiese aber auch am Pegnitzufer ganz einfach der Erholung der Nürnberger diente zeigt unser schönes Foto.

Zwischen 1919 und 1924 fanden auf der Deutschherrnwiese die Nürnberger Volksfeste statt, nachdem der alte Standort auf der Peterhaide während des Ersten Weltkriegs mit einem großen Barackenlager als Lazarett bebaut worden war. Die Holzhäuser dort blieben infolge der starken Wohnungsnot in der Nachkriegszeit bis in die dreißiger Jahre als Notunterkünfte für Wohnungslose stehen. 1925 wanderte das so beliebte Fest auf den neuen, auch von 1947 bis 1952 noch genutzten Platz an der Fürther Straße. Unsere am 16. August wohl aus einem Haus an der Deutschherrnstraße aufgenommene Fotografie zeigt den Festplatz im Jahr 1920 mit dem im Hintergrund liegenden Burgpanorama.

Diese schöne Aufnahme des Gebäudes Kleinweidenmühle 7 entstand in den letzten Monaten des Ersten Weltkriegs im Juli 1918. In dem aus der zweiten Hälfte des 16. Jahrhunderts stammenden Gebäude, dem ehemaligen Gesindehaus des Papierwerks der Weidenmühle, befand sich damals, die Kutsche verrät es, Fritz Günthers Möbeltransportfirma mit Lohnkutscherei. Im dahinter sichtbaren Haus Kleinweidenmühle 10 aus dem 18. Jahrhundert, einer ehemaligen Kornmühle, produzierte damals die Nürnberger Metallwerke GmbH galvanisch vernickeltes Zinkblech. Auch die Kleinweidenmühle gehörte wie die Großweidenmühle (siehe Seite 85) zu der 1234 beurkundeten Schenkung von Heinrich VII. an den Deutschen Ritterorden und fand hier ihre erste Erwähnung. Bereits 1487 wurden Groß- und Kleinweidenmühle mit einem Steg über die Pegnitz miteinander verbunden.

Zu den großen Schulhausneubauten vor dem Ersten Weltkrieg zählt auch die Volksschule Reutersbrunnenstraße 12, die in den Jahren 1910/1912 errichtet wurde. Durch das rasche Stadtwachstum entlang der Fürther Straße war zur Entlastung der älteren Schulhäuser in der Kern-, Siel- und der Schnieglinger Straße erneut ein Schulhaus notwendig, um die zahlreichen Kinder der neuen Stadtbewohner unterzubringen. 1908 wurde mit dem Erdaushub begonnen, im April 1911 konnten die ersten 11 Klassen in das mit 44 Klassenzimmern ausgestattete Gebäude einziehen: Die Nürnberger Zeitung schrieb damals: „Vor dem Schulhaus fand eine kleine Feier statt. Nach einem Gesangsvortrag der Kinder sprach Herr Schulinspektor Därr der Stadt Nürnberg den Dank aus für die Bereitstellung der prächtigen Schulräume. Er mahnte die Schulkinder, mit Fleiß und Eifer im neuen Heim zu arbeiten. Dann erfolgte die Übergabe des Schlüssels an den Lehrerobmann, worauf die einzelnen Klassen in das Schulhaus einzogen.“ Unser Foto stammt aus dem Jahr 1912.

Wohl zur Eröffnung der am 1. Mai 1902 fertiggestellten neuen Feuerwache an der Reutersbrunnenstraße bauten sich die Nürnberger Feuerwehrmänner in ihren prachtvollen Uniformen vor und an dem damals modernsten Gebäude für den Fotografen auf. Besonders beeindruckend sind die langen Bärte, die heutzutage zu erheblichen Schwierigkeiten bei der geforderten Atemschutztauglichkeit führen würden. Die Feuerwache-West, wie sie später hieß, blieb bis zum Neubau der neuen Feuerwache am Europakanal Mitte der siebziger Jahre die Einsatzzentrale der Nürnberger Berufsfeuerwehren.

Den Kinderspielplatz am Pegnitzgrund unterhalb des Waisenhauses zeigt diese nach 1903 und noch vor 1910 entstandene Fotografie. In der Bildmitte rechts von der Feuerwache erhebt sich das im August des Jahres 1900 bezogene neue Waisenhaus, auf das damals die ganze Stadt stolz war. In einem feierlichen Umzug durch die Stadt von ihrer alten Heimstätte in der Findelgasse zogen die festlich bekleideten 86 Nürnberger Waisenkinder singend mit ihren Erziehern in das viel schönere und vor allem größere neue Gebäude. Wer die in wenigen Jahren vor dem Ersten Weltkrieg entstandenen Schulhausneubauten oder die großen Investitionen in die drei großen Neubauten allein in diesem Bereich der Reutersbrunnenstraße ansieht, kann nur über den Mut der damaligen Verwaltung und Stadtspitze den Hut ziehen, die in kürzester Zeit die durch die Industrialisierung und die Bevölkerungsexplosion hervorgerufenen Probleme zu lösen hatten. Rechts im Hintergrund ist der Turm der Dreieinigkeitskirche von Gostenhof zu erkennen.

„Es gehört zum Savoir Vivre, die Rosenau zu besuchen, und wer sich in einem lauten Menschengetriebe, in den Bewegungen der Freude ... gefällt, der wähle getrost den lustigen Ort, an welchem mehreremale in der Woche Harmoniemusik, außerdem zuweilen Feuerwerk, Beleuchtung, Ballonsteigen und dgl. Lockungen für die Menge stattfinden." So 1852 ein kundiger Autor über die Rosenau, den „Lieblingsplatz der Nürnberger". Auch wenn die Rosenau heute noch ihren Reiz hat, ihre große Zeit begann in den ersten Jahrzehnten des 19. Jahrhunderts und endete mit den Zerstörungen des letzten Krieges. Die von Ferdinand Schmidt wohl in den 1870er Jahren gefertigte Fotografie zeigt die 1840 in der Rosenau errichtete „Alhambra", eines der seltsamsten Gebäude, die in Nürnberg bisher gebaut wurden. Der Architekt des im orientalischen Phantasiestil errichteten Gebäudes war Alexander Heideloff, Bauherr war der Kaufmann Johann Wiß, türkischer Konsul, der das Gelände des Blachersweihers 1827 erwarb und es angeblich nach dem Namen seiner Frau Rosina umbenannte.

1893 kaufte die Stadt Nürnberg die Rosenau als öffentliche Anlage. Eines der markanten Gebäude war die 1926 erbaute „Unterstands"- oder „Bierhalle". Nach den vorliegenden Berichten ging es in der Bierhalle oft recht hoch her. Jedenfalls beschwerte sich der Vorstadtverein Gostenhof schon im Juni 1927 beim Stadtrat über den permanenten Lärm durch die „Bierkonzerte" mit Trachtenkapellen und das sich lautstark beteiligende Publikum. Die Halle wurde aber auch für politische Versammlungen und sogar für Musterungen der Wehrmacht verwendet.

Während die Gebäude der Rosenau in völliger Zerstörung lagen, baute im Jahr 1947 der Zirkus Holzmüller neben dem Minnesängerbrunnen einen festen Zirkusrundbau und sorgte für Unterhaltung in armseliger Zeit. Der heute die Rosenau zierende Minnesängerbrunnen wurde 1905 von Philip Kittler, dem wohl bedeutendsten plastischen Künstler der Jahrhundertwende im Nürnberger Raum geschaffen und von einer vermögenden Witwe Babette Bach der Stadt Nürnberg zum 100jährigen Jubiläum der Zugehörigkeit zu Bayern zum Geschenk gemacht. Zunächst stand der reizende Brunnen in der Prateranlage, wurde aber dann in der Rosenau nahe des Eingangs vom Spittlertorgraben aufgestellt. Leider wird er, wie andere Brunnen in öffentlichen Anlagen, heute oft als Müllkippe mißbraucht oder ist Objekt der „Spraykunst"-Schmierereien.

Der Plärrer um 1865: Ferdinand Schmidt fotografierte um 1865 vom Spittlertorturm aus diese aus vier Einzelfotos bestehende Rundsicht über den Plärrer. Links reichen die Felder noch fast an die Häuser Gostenhofer Hauptstraße 1–9. Schräg gegenüber des hölzernen Zirkus lag das Café „Mondschein" beim Mondscheingäßchen und der abzweigenden Gostenhofer Hauptstraße. In der Mitte führt die baumbestandene Rothenburger Straße am Ludwigsbahnhof vorbei zum Rochusfriedhof. Rechts zweigen Fürther Straße und Spittlertorgraben ab.

Der Plärrer um 1905: Noch ein, diesmal nur aus zwei Fotos bestehender Überblick von Ferdinand Schmidt, der 1905 erneut vom Spittlertorturm fotografierte. Inzwischen wird der Plärrer mit dem neuen Wartehäuschen vor der Gostenhofer Haupstraße und der Rothenburger Straße schon von der Straßenbahn beherrscht. Gostenhof reicht inzwischen mit seinen Schloten fast bis zum Horizont. In dem Zwickel zwischen Rothenburger Straße und Fürther Straße steht vorne der Brunnen mit dem Eisenbahndenkmal, dahinter der 1870 vergrößerte Ludwigsbahnhof und das alte Gaswerk. Das Eck zwischen Fürther Straße und dem Spittlertorgraben wird von einem Neubau dominiert.

Plärrer 1948: Zwar funktioniert der Verkehr bereits wieder, aber noch bestimmen die Ruinenfelder das Bild, das ebenfalls aus mehreren Aufnahmen entstanden ist. Der Straßenbahnbereich ist inzwischen vor den immer noch stehenden Ludwigsbahnhof gerückt. Der Plärrer-Automat ist bereits wiederaufgebaut. Auf dem Platz vor der Gostenhofer Hauptstraße fahren die modernen Autobusse ab. Unter den Autos dominieren noch die Lastkraftwagen. Vom Café „Mondschein", vor dem einst die Geiger spielten, sind nur Trümmer und Schutt geblieben.

Plärrer 1953: Fünf Jahre später – das Wirtschaftswunder hat vom Plärrer Besitz ergriffen in Gestalt der Autos, der Platz wird zum Kreisverkehr. Zur Verkehrsregelung genügte in Richtung Fürther Straße und Spittlertorgraben noch ein Polizist in seinem Türmchen. Zwar hält sich die Neubebauung allgemein noch in Grenzen, aber man hat sich bereits wieder eingerichtet in diversen Flachbauten. Um so fortschrittlicher wirkt dagegen Nürnbergs „Wolkenkratzer"-Hochhaus und signalisiert den Nachkriegs-Nürnbergern, daß es wieder aufwärts geht. Dafür ist der Ludwigsbahnhof endgültig verschwunden.

Durch die Ludwigseisenbahn und deren nahe dem Plärrer liegenden Bahnhof begann der Aufstieg des Plärrers (von mittelhochdeutsch „plarre" = freier Platz) zum Verkehrsknotenpunkt, der sich mit der Einführung der Pferdebahn 1881 und insbesondere nach der Elektrifizierung der Straßenbahn nach 1896 beschleunigte. 1899 erhielt der Platz durch eine neue Schienenführung der Straßenbahn mit der Umsteigefläche vor den Mündungen der Gostenhofer Hauptstraße und der Rothenburger Straße ein neues Gesicht bis 1929, als ein erneuter Umbau begann. Daß die große Baustelle mit den vielen „wohl behüteten" Bauarbeitern ein außerordentlich reizvolles Fotomotiv darstellte, bewies Ferdinand Schmidt mit dieser technisch exzellenten und außerordentlich modernen Aufnahme aus dem Jahr des Umbaus.

Die Situation nach Abschluß der Bauarbeiten an dem neuen Straßenbahnknotenpunkt dokumentierte Ferdinand Schmidt mit dieser Aufnahme in Richtung Spittlertorgraben und Fürther Straße, die viele Details enthält: Das in altfränkischem Verkehrsbaufachwerk entstandene neue Wartehäuschen nebst grossstädtischer Straßenlampe, die gut gekleideten Herren („Gehe niemals ohne Hut aus, es sieht bestimmt nicht gut aus"), die mit Sonnenschirm versehenen Damen, die Straßenbahnen selbst – vorne die Linien in Richtung Aufseßplatz, Dutzendteich und Maxfeld – mit ihren verschiedenen Anhängerwagen, der im Vordergrund stehende ursprüngliche Schweppermann-Brunnen. Der hier gut erkennbaren Figur schlug im Jahr 1907 eine herunterfallende Straßenbahnoberleitung den Kopf ab. Die daraufhin neu angefertigte Skulptur wurde an anderer Stelle bei der Einmündung der Steinbühler Straße aufgestellt (siehe Seite 127). Hinten links am Rande ragt das Brunnendenkmal für die Ludwigseisenbahn ins Bild hinein und weist den Bahnreisenden in Richtung Fürth den Weg.

Den „Run" auf den öffentlichen Nahverkehr zu Kaiser Wilhelms Zeiten zeigt diese um 1913/14 wiederum vom Spittlertorturm entstandene Aufnahme über die Haltestelle Plärrer. Das Auto war zwar schon erfunden, aber noch nicht gegenwärtig. Links biegt eine aus der Gostenhofer Hauptstraße kommende Straßenbahn ein. Reklame beherrscht inzwischen die Hausfassaden, selbst die Straßenbahn macht Werbung für „Stollwerck Gold". In der Bildmitte neben dem Eckhaus Gostenhofer Hauptstraße 2 mit der „Dresdner Bank" zweigt das Schulgäßchen ab. Rechts in der baumbestandenen Rothenburger Straße erhebt sich der im Zweiten Weltkrieg zerstörte Turm des wohl erst gerade fertiggestellten Volksbads. Seine Uhr zeigt die Mittagszeit.

Mit den Umbauarbeiten von 1929 verlagerte sich der Straßenbahnknotenpunkt nordwestlich zur Rothenburger- und Fürther Straße hin. Das Ludwigsbahndenkmal ist seit 1927 verschwunden, wie schon vorher die Bahn, aber noch steht der alte Bahnhof. Davor ist der Plärrer-Automat entstanden. Die schöne Gegenlichtaufnahme wurde im Jahr 1933 wieder vom Stadtmauerturm über die gerade in die Ludwigstraße einbiegende Straßenbahn hinweg fotografiert. Während der Hitlerzeit gab es Planungen zur Umgestaltung Nürnbergs zu einer der „Führer"-Hauptstädte, die einen völligen Abriß der bis dahin vorhandenen Gebäude gebracht hätte, zugunsten von leblosen und gigantomanen Partei- und Verwaltungsgebäuden. Daß es dann ganz anders kam, zeigt die Aufnahme auf Seite 99 oben.

Nach dem Entwurf von Walter Brugmann entstand in für Nürnberg recht ungewöhnlicher Rundform 1931/32 der sogenannte „Plärrer-Automat" als Warteballe mit einer mit Speiseautomaten bestückten Imbißhalle. Daneben bestand ein automatisches Postamt. Offenbar gab es auch gutes Eis, denn über der eigentlichen Warteballe fragte die Werbeinschrift in gotischen Lettern: „Halt! Haben Sie schon das vorzügliche Eis aus dem Plärrer-Automat versucht?" Rechts im Hintergrund oberhalb des NS-Werbetransparents ist das alte Häuslein des Café „Plärrer" zu erkennen.

Bei einem Luftangriff am 3. Oktober 1944 wurde auch der Plärrer-Automat stark getroffen. Die Aufnahme entstand nach dem Angriff 1944. Schon bald nach Kriegsende wiederaufgebaut, wurde das Gebäude im Zuge des U-Bahnbaus und der damit verbundenen erneuten Umgestaltung des Plärrers abgerissen.

Als neues Geschäftsgebäude der Städtischen Werke entstand in nur eineinhalb Jahren das 1953 fertiggestellte Plärrer-Hochhaus, das bald die Rolle eines Sinnbilds für den Neuaufbau und den Nachkriegsfortschritt erhielt. Architekt war Wilhelm Schlegtendal, der sich im Dritten Reich als begabter Baumeister im Sinne des NS-Bauens hervorgetan und für die geplante Plärrer-Neugestaltung ein monströses Hochhaus in wehrhaften Formen entworfen hatte. Das dann in ganz anderem Stil verwirklichte Hochhaus war mit 56 m Höhe und 15 Geschossen bei seiner Erbauung das höchste Haus Bayerns. Zumindest für die Nachkriegskinder war es ein echter Wolkenkratzer fast wie in Amerika. Die schön gestaffelte Aufnahme von 1953 zeigt neben diesem superlativen Gebäude auch die reiche Illustriertenauswahl der damaligen Zeit.

Die Fürther Straße entstand als Machtdemonstration Preußens gegen die in den letzten Zügen liegende Reichsstadt Nürnberg im Jahr 1801. Durch den Bau der unmittelbar vor dem Spittlertor endenden Chaussee sollten die Nürnberger ihrer Zoll- und Geleitseinnahmen auf den beiden bis dahin üblichen Wegen nach Fürth vom Neutor über Johannis bzw. über die heutige Bärenschanzstraße beraubt werden. Tatsächlich entwickelte sich die Fürther Straße nach der Eingliederung Nürnbergs in das Königreich Bayern zur schnellsten und wichtigsten Verbindung zwischen beiden Nachbarstädten, nicht zuletzt dank des Baues der Ludwigs-Eisenbahn entlang der Fürther Straße, deren Bahnhof am ursprünglichen Ende der (heutigen südlichen) Fürther Straße bei der Mündung der Rothenburger Straße errichtet wurde. Die noch vor 1900 entstandene Aufnahme zeigt links die südliche Front der Rothenburger Straße, in der Mitte den 1890 entstandenen Denkmalsbrunnen für die Ludwigs-Eisenbahn, dahinter den Ludwigsbahnhof und noch weiter den Kessel des alten Gaswerks.

Im Jahr 1847 wurde zwischen Rothenburger und Fürther Straße hinter dem Ludwigsbahnhof das erste Gaswerk in Bayern fertiggestellt. Es besaß einen eigenen Gleisanschluß zur Ludwigsbahn, der ja für die zur Leuchtgasherstellung notwendigen Kohletransporte benötigt wurde. Das Gas diente zunächst nur zur Straßenbeleuchtung durch Gaslaternen, die von da an aufgebaut wurde und erst im Jahr 1961 (!) ihre größte Ausdehnung erreichte. Das Gaswerk hinter dem Plärrer wurde zunächst von einer privaten Firma betrieben, 1871 aber von der Stadt übernommen. Bis zum Ende des Jahrhunderts stieg der Gasverbrauch durch industrielle Nutzung und die privaten Anschlüsse in den Haushalten so stark an, daß die Stadt 1901 mit dem Bau eines neuen Werkes an der Sandreuthstraße begann (siehe Seite 134). Die Aufnahme von 1910 zeigt das im Jahr 1905 stillgelegte Werk kurz vor dem Abbruch für den im darauffolgenden Jahr beginnenden Bau des Volksbades.

Erst im letzten Drittel des 19. Jahrhunderts begann eine nennenswerte Bebauung der Fürther Straße zunächst im stadtnahen Bereich. Nach 1880 entstanden die vornehmen und repräsentativen Häuser im vorderen Abschnitt der heutigen nördlichen Fürther Straße und um die Rosenaustraße, in denen sich bevorzugt Hopfenhändler und Rechtsanwälte niederließen. Um die Jahrhundertwende wurden hier allein 19 Hopfenhändler gezählt. Der Blick in der oberen Aufnahme durch die nördliche Fürther Straße von West nach Ost zeigt die einheitliche Bebauung und das geschäftige Leben um das Jahr 1929. Aber nur wenige Schritte weiter nach dem Zusammentreffen des nördlichen und südlichen Teils der Straße zeigte sich die für den weiteren Verlauf typische gemischte Bauweise mit unterschiedlichen Baustilen, Höhen und Haustypen der reich mit Läden und Werkstätten auch in den Hinterhöfen ausgestatteten Straße. Als Beispiel kann die untere Aufnahme aus dem Jahr 1912 mit den kleinen Geschäftshäusern ab der Fürther Straße 35 dienen.

Zwischen 1927 und 1929 gelang einem Fotografen in Höhe der Veit-Stoß-Anlage dieses Bild von der Fürther Straße in West-Ost-Richtung. Die Straßenbahn mit einem Arbeitswagen rangiert gerade von einem Ausweichgleis auf die Strecke in Richtung Plärrer. Die früher parallel zur Straßenbahn verlaufende und eingezäunte Trasse der Ludwigsbahn ist schon verschwunden. Der andere Triebwagen steht gerade an der Haltestelle bei der von rechts einmündenden Kernstraße. Ganz rechts ist das Eck des 1884 zur Ablösung des alten Schulhauses in der Gostenhofer Schulgasse bezogenen Schulgebäudes Kernstraße 6 zu erkennen. Das alte Schulhaus spiegelt in seiner Belegung ein ganzes Stück der großen, Nürnbergs berührenden Geschichte wider: Vom Lazarett des Ersten Weltkriegs über Fremdarbeiterlager im Zweiten Weltkrieg, Notkirche der evangelischen Gemeinde Gostenhof, Bankgebäude, Unterkunft für amerikanische Soldaten, Schulamt, bis zur Berufsschule 2 für Metallberufe, die sich hier auch heute noch befindet.

Die im Jahr 1944 als Sicherungsaufnahme vor eventuellen Zerstörungen durch die Luftangriffe entstandene Fotografie zeigt die bis zum Krieg typische Bebauung der Fürther Straße in ihrem Gostenhofer Abschnitt mit Mietshäusern aus dem letzten Jahrzehnt vor der Jahrhundertwende. Rechts am Eck zur Kernstraße das Haus Nr. 69 mit der Gostenhofer Bierhalle. Die Sicherungsfotografie war nicht ganz überflüssig, denn von allen abgebildeten Häusern überstanden nur die beiden am rechten Bildrand Nr. 67 und 69 (heute Bankfiliale) sowie die Nr. 57 neben dem heutigen Rio-Kino das verbleibende letzte Kriegsjahr.

„Hurra, sie ist da, die Planschwiese!" feierten die Nürnberger Zeitungen am 1. Juni 1926 die Eröffnung der neu gestalteten Veit-Stoß-Anlage. Als „eine wahre Lunge der Großstadt" wurde der grüne Flecken entlang der Fürther Straße zwischen Glockendon- und Müllnerstraße gelobt und als große „Errungenschaft und Sehenswürdigkeit in ästhetischer, hygienischer und pädagogischer Hinsicht" gefeiert. Wie unser Foto aus den zwanziger Jahren zeigt, besaß die Anlage ein relativ großes Wasserbecken für die damals ja noch zahlreicheren Gostenhofer Kinder. Dahinter erhebt sich das neue, aber bald beliebte Milchhäuschen. In den Zeitungen besonders hingewiesen wurde auf eine Tafel, die den Kindern Hinweise zum sittlichen Betragen geben sollte. Die Renovierung der Anlage erfolgte damals über gärtnerische Notstandsarbeiten für Erwerbslose. Die Veit-Stoß-Anlage entstand bereits zwischen 1894 und 1896, als auf dem unbebaut liegengebliebenen Platz 146 Ulmen und 24 Ahornbäume zur „Schaffung neuer Promenadenwege" gepflanzt wurden.

Ein besonderes Superlativ der Fürther Straße hat Ferdinand Schmidt mit dieser Aufnahme des Zellengefängnisses an der Fürther Straße 110 zu Beginn der 1870er Jahre fotografiert: Es handelte sich bei dem im Jahr 1868 eröffneten und bis 1987 bestehenden Gebäude um die erste bayerische Strafanstalt für die Unterbringung von Häftlingen in Einzelzellen, also um ein Reformgefängnis. Allerdings wurde der Begriff Einzelhaft sehr streng genommen, nicht nur in der Zelle, auch im Unterricht oder Gottesdienst sollte der Gefangene abgeschirmt von Sichtwänden „isoliert" bleiben. Das galt auch für den Hofgang, wie die abgebildeten abgetrennten „Spazierhöfe" für je einen Gefangenen zeigen. Das Gebäude bestand aus vier radial von der Zentralhalle abweichenden Zellentrakten, die von der Mitte aus gut überwacht werden konnten. In diesen Zellen saßen auch die Angeklagten der Nürnberger Kriegsverbrecherprozesse ein.

Wohl in den ersten Jahren nach Einführung der Nürnberger Straßenbahn in Form einer Pferdebahn fertigte Ferdinand Schmidt diese schöne Fotografie vom Straßenbahnhauptdepot in der Fürther Straße 150 an der Ecke zur Maximilianstraße. Die wichtigste Einrichtung bis zur Elektrifizierung der Straßenbahn im Jahr 1896 waren damals die Pferdeställe, die bis zur Jahrhundertwende vorgehalten wurden.

Viele Nürnberger kamen im Jahr nur zweimal in die weiter westwärts gelegene Fürther Straße: Einmal, um nach Fürth zur Kirchweih, „der schönsten Nürnberger Kirchweih", zu gelangen, das zweite Mal, um das Nürnberger Volksfest zu besuchen, das seit 1925 auf der Freifläche bei der damaligen Münchener Straße, der heutigen Adam-Klein-Straße, nördlich von Eberhardshof seinen Standort bezogen hatte. Heute ist das Gelände von der Firma Quelle mit ihrem Versandhaus bebaut. Das 1935 wohl vom Riesenrad herunter aufgenommene Bild zeigt einen Blick über das Fest zum Haupteingang an der Fürther Straße. Auch nach dem Krieg wurde das Volksfest ab 1947 zunächst wieder an der Fürther Straße gefeiert, ehe es 1953 zu seinem heutigen Standort an der Bayernstraße beim Dutzendteich verlegt wurde.

Je weiter die Fürther Straße sich vom Stadtkern entfernte, um so offener blieb lange Zeit die Bebauung, die zudem stark von den hier sich ansiedelnden Industrieunternehmen geprägt war. Von manchen Firmen standen oft nur die Reklametafeln. Das zeigen auch die Fotografien dieser Seite. Oben: Im Jahr 1912 montierte die traditionsreiche Nürnberger Firma Triumph ihre Fahrräder und Schreibmaschinen noch in niedrigen, barackenähnlichen Werksgebäuden auf dem Gelände an der Fürther Straße 102. Unten: Im gleichen Jahr sah es ein Stück weiter auf der anderen Straßenseite an der Kreuzung mit der Leyher Straße stark nach Pionierzeit in Nürnbergs wildem Westen aus. Auf der von den Straßenbahnschienen aus entstandenen Aufnahme verläuft im Mittelgrund die Trasse der Ludwigseisenbahn.

Gostenhofs älteste und wohl auch wichtigste Sehenswürdigkeit ist der Rochusfriedhof, der im Pestjahr 1518 entstand, als die alten Friedhöfe um die beiden Nürnberger Hauptkirchen aufgelöst wurden. Die Toten der Sebalder Stadtseite wurden in der Folge auf dem St. Johannisfriedhof, die der Lorenzer Stadtseite auf dem nach dem Pestheiligen St. Rochus genannten Gräberfeld beerdigt. Da in dieser Stadthälfte überwiegend Handwerker und die etwas einfacheren Leute wohnten, sind die Bronzeepitaphien auf den Grabplatten etwas schlichter als auf dem Bruderfriedhof auf der anderen Pegnitzseite. So steht der Rochusfriedhof mit seiner 1520 von der Familie Imhoff gestifteten spätgotischen St. Rochus-Kapelle nicht ganz so hoch in der Gunst der Besucher. 1944 wurde das Kirchlein fast völlig zerstört, aber schon in den ersten Nachkriegsjahren in Stufen wiedererrichtet. Die 1952 von der Höhe des Volksbades entstandene winterliche Fotografie zeigt die äußerlich bereits wieder hergestellte, von den Gräbern umgebene Kapelle und den im Westen sich anschließenden Militärfriedhof.

Etwas vorgeschoben ragte das für seine Zeit stattliche Haus Rothenburger Straße 1 in den Plärrer hinein (siehe Seite 98 und 102). Der wohl in den 70er Jahren des letzten Jahrhunderts von Ferdinand Schmidt auf einer Fotoplatte festgehaltene Blick in die Rothenburger Straße bis zum Rochusfriedhof zeigt das um 1870 entstandene Gebäude mit einem Teil der Bewohner. Nach der Haltung zu schließen, könnte es sich bei dem an der Haustüre sich stolz präsentierenden Herrn um den Hausbesitzer, wahrscheinlich den im Adreßbuch zunächst als Gastwirt, dann als „Privatier" genannten Georg Konrad Hechtel handeln. Rechts am Eck befand sich das durch die beiden Teller gekennzeichnete Badergeschäft des Valentin Benz. Das das Bild des Plärrers über Jahrzehnte mitprägende Gebäude wurde im Zweiten Weltkrieg vollständig zerstört. Die Fotografie zeigt in ihrer Gestaltung und Gliederung mit der rechts ins Bild gestellten Laterne, dem Hauptgebäude in der mittleren Position und dem geschickten Verlauf in den Hintergrund das formale Können von Ferdinand Schmidt.

Mit der Schließung des alten Gaswerks an der Rothenburger Straße war endlich ein geeignetes Grundstück für das schon seit 1880 diskutierte Projekt eines Volksbades wie in anderen Großstädten Deutschlands gegeben. Nach dem Abriß der alten Gebäude wurde 1911 mit dem Bau nach den schon im Jahr 1900 von Friedrich Küfner ausgearbeiteten Plänen begonnen, der pünktlich zum Jahresende 1913 abgeschlossen werden konnte. Die Baukosten beliefen sich auf 1 775 000 Mark, wofür manche Leute heute gerade mal ihr etwas besseres Eigenheim finanzieren. Die beiden Aufnahmen vermitteln einen Eindruck von den damaligen Mühen auf der Großbaustelle. Noch bei den Erdarbeiten entstand wohl 1911 die obere Fotografie in Richtung zur Rothenburger Straße bei der Einmündung der Elsnerstraße, während das untere, im Februar 1912 während der Schalungsarbeiten für eine Decke entstandene Bild schon den Baufortschritt dokumentiert. Die von der Höhe des Baugerüsts gefertigte Aufnahme eröffnet einen schönen Blick zur Südseite der Rothenburger Straße. Im Hintergrund vor dem Spittlertorturm ist der Ludwigsbahnhof zu erkennen.

Obwohl so beschriftet und anderswo auch so veröffentlicht, stammt diese Fotografie wohl nicht von der Einweihung des neuen Volksbades am 2. Januar 1914 – dazu sind die Menschen einfach zu dünn angezogen, zu leicht behutet und sogar barfuß. Zudem stand die einfachere Bevölkerung bei derlei Anlässen nicht gerade in den allerersten Reihen. Wahrscheinlich entstand das Foto bei einer anderen feierlichen Gelegenheit noch vor Ausbruch des Krieges, denn das neue Volksbad galt damals als ein Vorzeigejuwel und wurde immer wieder von auswärtigen Gruppen als architektonisch und technisch besonders gelungene soziale und hygienische Einrichtung besichtigt. Auch wenn nicht von der Eröffnungsfeier, so ist die Fotografie dennoch so reizend und lebendig, daß sie in diesem Buche nicht fehlen sollte.

Zum Zeitpunkt der Eröffnung am Jahresanfang 1914 entstand diese Übersichtsaufnahme über die große Schwimmhalle 2 für Männer. Das Bad besaß drei Schwimmhallen, zwei für männliche, eine kleinere für weibliche Besucher. Dazu kamen ein Dampf- und ein Heißluftbad sowie 68 Wannenbäder und 24 Duschbäder. Eine besondere Attraktion war damals auch das Hundebad. Der rasch einsetzende große Andrang aus der Bevölkerung erklärt sich schon aus der Tatsache, daß damals nur der geringste Teil der Wohnungen mit einem eigenen Bad ausgestattet war. Die höchste Besucherzahl wurde am Ostersamstag des Jahres 1914 mit 5 470 verzeichnet. Die Freude wurde schon zu Beginn des Krieges 1914 eingeschränkt durch eine dreimonatige Schließung und sich anschließende begrenzte Öffnungszeiten, um Kohlen zu sparen. Während des Zweiten Weltkriegs wurde das Bad zu drei Vierteln zerstört und blieb bis 1947 geschlossen. Der stufenweise Wiederaufbau war 1959 abgeschlossen. Inzwischen ist der einzigartige Bau wegen des städtischen Geldmangels trotz großer Proteste aus der Bevölkerung geschlossen worden und wartet auf eine Wiedereröffnung durch einen privaten Betreiber als sogenanntes „Spaß- und Erlebnisbad“.

Auf der dem Volksbad gegenüberliegenden Straßenseite, Rothenburger Straße 31a, nahe der Einmündung der Bauerngasse, schon umbaut von den hohen Mietshäusern, wurde 1910 von einem städtischen Lichtbildner der letzte Gostenhofer Bauernhof fotografiert, wie so oft, vermutlich aus Anlaß des bevorstehenden Abrisses. Als Besitzer wurde zuletzt der „Ökonom Konrad Lorenz" genannt. War 1910 das Haus noch von zwei Familien bewohnt, wird 1912 nur noch das Grundstück im städtischen Adreßbuch erwähnt. 1913 ist es auch da verschwunden.

Die nach Überquerung der Bahnlinie und des Ludwigskanals schon zu Sündersbühl gehörende Rothenburger Straße wechselte ihr Gesicht zwischen teilweise intensiver städtischer Bebauung und den die alte Landstraße noch säumenden Bauernhäusern. Die städtische Aufnahme von 1906 dokumentiert die nach dem Bau des Schlachthofes gegenüber der neuen Einrichtung entstandene Häuserreihe in der Rothenburger Straße 128 – 136 mit dem Eck zur Zweigstraße 2.

Nur ein kurzes Stückchen weiter im Jahre 1909 dokumentierte der damals an der Erfassung der kunsthistorisch interessanten Nürnberger Häuser arbeitende, spätere städtische Kunsthallendirektor Friedrich Traugott Schulz in der Rothenburger Straße 143 diesen Bauernhof, der damals vom „Ökonomen" – wir erkennen ihn an seiner Uhrkette – K. Böhrer bewirtschaftet wurde.

Hier noch einmal die Außenansicht des gleichen Hofes in der Rothenburger Straße 143 und ein Blick in die noch als Dorfstraße geltende heutige große Ausfallstraße, wie er 1909 ebenfalls von Friedrich Traugott Schulz dokumentiert wurde.

Fast am Ortsende von Sündersbühl fotografierte Schulz im Jahr 1914 von Westen in Richtung auf den Schlachthof – im Hintergrund in der Mitte ist der alte Herrensitz von Sündersbühl zu erkennen (siehe Seite 130) – die Häuser Rothenburger Straße 170 und 165 (rechts) mit dem Dorfkern von Sündersbühl. Der linke „Lenzenhof", eines der größten Anwesen in Sündersbühl, galt als Wirtschaftshof eines abgegangenen befestigten Sitzes. Das schöne Haus wurde im Zweiten Weltkrieg zerstört, aber wieder neu errichtet. Auf dem der Familie Dornberger gehörenden Anwesen wurde noch bis 1959 Landwirtschaft betrieben. Das rechte Gebäude, ebenfalls im Krieg zerstört, gehörte zum ehemaligen „Günthersgarten", eine der alten Sündersbühler Gastwirtschaften. Später beherbergte das Haus eine Bäckerei und eine Metzgerei.

Stadtauswärts, aus dem Tunnel unter der Bahnlinie kommend, überquerte die Rothenburger Straße unmittelbar am Nürnberger Kanalhafen auch den Ludwigs-Donau-Main-Kanal, wie er offiziell hieß. Zum Zeitpunkt der oberen Aufnahme im Juli 1920 war die Wasserstraße aber schon längst wirtschaftlich bedeutungslos. Im Hafen umgeschlagen wurden lediglich noch Steine und Holzladungen aus der Umgebung. Die Fotografie zeigt sehr schön hinter dem Bahndamm die von der Hessestraße und Knauerstraße gebildete südwestliche Häuserfront von Gostenhof: Links die Hopfenhandlung der Gebrüder Tuchmann, etwas weiter rechts mit der modernen Fassade die Kühlhallen der Nürnberger Eisfabrik Linde. Darüber erhebt sich das Dach der Knauerschule. Rechts im Hintergrund ist der Turm der Steinbühler Christuskirche zu erkennen. Gostenhof, das in der früheren Phase der Nürnberger Industrialisierung eine wichtige Rolle gespielt hatte, fiel in der weiteren Entwicklung zur Großindustrie als älteres und schon eng bebautes Quartier vor allem auch deswegen zurück, weil es im Süden von Kanal und Eisenbahn begrenzt wurde und sich nicht weiter ausdehnen konnte. Dagegen beförderte die Nähe von Steinbühl zum Kanalhafen und zum Centralbahnhof mit freien Ausdehnungsmöglichkeiten dessen Entwicklung zum wichtigsten Industrieviertel der Stadt. Die untere Aufnahme aus dem Jahr 1912 mit den Lagerhallen am Hafen zeigt das damals noch wichtigste Ladegut: Steine. Beim Bau des Frankenschnellwegs wurde der Kanalhafen 1976 aufgefüllt.

Zurück zum Plärrer mit einem Blick in die in der Vergangenheit vom Platz zwischen Rothenburger Straße und Gostenhofer Hauptstraße abzweigende Gostenhofer Schulgasse. Den Namen erhielt das kleinstädtische und als typisch für Alt-Gostenhof geltende Gäßchen nach der hier 1794 – zwei Jahre später wurde Gostenhof preußisch – eingerichteten alten Gostenhofer Schule, die erst im Jahr 1884 in die neuen Räumlichkeiten der Kernstraße umzog. Die wohl aus den dreißiger Jahren stammende Fotografie zeigt eine vor dem Haus Nr. 14 für die Aufnahme versammelte Kindergruppe. Im Zuge der Neubebauung des Plärrers verschwand in den achtziger Jahren der am Plärrer liegende Eingang in das Gäßchen, das heute nur noch als öder Parkplatz und Verladefläche für die zum Plärrer und zur Gostenhofer Hauptstraße gerichteten neuen Geschäftshäuser dient.

Ein heutiger Gostenhofer, der erst vor wenigen Jahren in das Stadtviertel gezogen ist, wird sich kaum vorstellen können, daß die inzwischen neu gestylte Gostenhofer Hauptstraße noch lange Jahrzehnte nach dem Kriegsende so ausgesehen hat. Gostenhof und seine Hauptstraße haben den Krieg glücklicherweise recht glimpflich überstanden, was dafür in den Jahrzehnten danach die Entwicklung des Viertels zur abbruchreifen oder sanierungsbedürftigen städtischen Altsubstanz beschleunigte und Gostenhof lange Zeit den Ruf eines „Glasscherbenviertels" eintrug. Die im Kriegsjahr 1944 entstandene Sicherungsaufnahme von der Hauptverkehrsader durch den östlichen Teil der alten Vorstadt erfaßt den Abschnitt ab der Nummer 19 links bis zur in der Mitte erkennbaren Abzweigung der Gartenstraße bei Nummer 41. Rechts nach dem Häuschen der Fahrradhandlung Steinhäuser vor dem Wirtshaus in Nr. 16 mündete die Gostenhofer Schulgasse. Das Uhrentürmchen gehörte zum alten Gostenhofer Pflegamtsgebäude.

Gleich zu Beginn der Hauptstraße – rechts geht es zum Plärrer – standen, wie die 1939 entstandene Aufnahme zeigt, diese beiden kleinen Häuschen Gostenhofer Hauptstraße 4 und 6, die wohl noch aus dem 18. oder vom Beginn des 19. Jahrhunderts stammten. Neben dem Milchgeschäft Dietz seifte Friseur Ertl seine Kunden ein. Zigarren-Loscher führte die damals beliebte „Mokri“. Links im Haus Nr. 8 hatte die Bäckerei und Konditorei Schmidt ihren Betrieb. Sie produzierte, wie man mit Lupe erkennt, auch original Nürnberger Lebkuchen.

Eines der typischen niedrigen Gostenhofer Häuser wohl noch aus dem 18. Jahrhundert stand in der Gostenhofer Hauptstraße 46. Rechts daneben mit der Nr. 44 folgte das Gasthaus „Zum gelben Löwen“. Die Fotografie stammt aus den letzten Jahren vor dem Ersten Weltkrieg. Gostenhof, das zunächst zum Besitz der Burggrafen gehörte, fiel 1452 an die Stadt Nürnberg und gehörte als Vorstadt zum sogenannten Burgfrieden. Erwähnenswert ist das von 1796 – 1806 währende Zwischenspiel, als die Gostenhöfer ebenso wie die Wöhrder oder die Einwohner von St. Johannis preußische Untertanen waren. Nach 1806 für kurze Zeit eine selbständige Gemeinde, wurde Gostenhof im Jahr 1825 gemeinsam mit Kleinweidenmühle wieder in das Nürnberger Stadtgebiet aufgenommen.

„Jedem Mann ein Ei, dem braven Schweppermann aber zwei", der angeblich von Ludwig dem Bayern stammende Spruch, mit welchem er seinem tapferen Kämpfer eine doppelte Portion zumaß, ist noch halbwegs bekannt. Unbekannt ist jedoch irgend ein Bezug dieses Kriegshauptmanns zu Nürnberg, außer daß es hier zwei Brunnen mit dem Ritter Schweppermann gab. Der erste stand auf dem Plärrer in Höhe der Gostenhofer Hauptstraße wie auf Seite 101 zu sehen und zu lesen. Als ihm ein Fahrdraht der Straßenbahn den Kopf abriß, schuf der Künstler Hans Bauer einen neuen Schweppermann. Zu seinen Füßen formte er die eierlegenden Hühner. 1911 wurde Schweppermann II. im östlichen Bereich des Plärrers bei der Abzweigung der Steinbühler Straße aufgestellt. Die Fotografie von 1920 zeigt den beliebten Brunnen zwischen den Häusern Steinbühler Straße 1 (links) und 12 (rechts). Daneben der damals hier zu findende Marktstand.

Die Bauerngasse gehört zu den alten und früh vollständig bebauten Straßen Gostenhofs. Die Aufnahme nach Süden zum großen Gaskessel in Sandreuth entstand im Sommer 1954, als noch die Straßenbahn durch die Bauerngasse verkehrte.

Nach zwei großen Sanierungsabschnitten hat Gostenhof seit Ende der siebziger Jahre sein Gesicht vorteilhaft geändert. Besonders die Wohnsituation der in Gostenhof lebenden Menschen, darunter viele ausländische Bürger, wurde deutlich verbessert. Bei den Sanierungsmaßnahmen mit Hinterhofbegrünung und Ausgestaltung, Fassadenmalerei, Verkehrsberuhigung und neuen Platzgestaltungen wurde ein hohes Maß an Bürgerbeteiligung praktiziert. Besprechungszentrale für die erste Sanierungsphase in Gostenhof-West war ein Wirtshaus in der Kernstraße, das dann später gleich den Namen „Planungskneipe" übernahm und sich zu einer multikulturellen „Szene"kneipe entwickelte. Hier eine Besprechung von Planern und Anwohnern mit dem langjährigen Baureferenten Otto Peter Görl. Die Aufnahme stammt vom Mai 1979.

Von ehemals zwei Sündersbühler Herrensitzen stand in der Rothenburger Straße 119 am Eck zur alten Webersgasse bis in den Zweiten Weltkrieg hinein noch das ehemals Nützel-Hallersche Schlößchen. 1873 an die Stadt Nürnberg verkauft, wurde das dazugehörende Gelände und das Gebäude selbst in den Schlachthof einbezogen. Die Stadt selbst nutzte den einst von einem Weiher umgebenen und wesentlich größeren Patriziersitz nach 1880 als Armenwohnhaus. Auch das Sündersbühler Schlößchen wurde ein Opfer des Bombenkrieges. Auf dem Grundstück des völlig zerstörten Gebäudes entstand nach 1959 mit der Adresse Webersgasse 22 ein Berufsschulgebäude für die Metzgerberufe.

Die Versorgung mit frischem und gesundheitlich einwandfreiem Fleisch gehörte zu den dringenden Bedürfnissen der im letzten Drittel des 19. Jahrhunderts so rasch wachsenden Großstadt. Das alte Fleischhaus an der Fleischbrücke genügte längst nicht mehr, so daß die Stadt bereits 1872 auf dem Sündersbühler Gelände südlich des Kanalhafens Flächen zum Bau eines modernen Schlacht- und Viehhofs erwarb. Während schon 1874 im Viehhof der erste Viehmarkt abgehalten und die Anlage stufenweise vollendet werden konnte, begannen erst 1889 nach langwierigen Verzögerungen beim Grunderwerb die Bauarbeiten für den eigentlichen Schlachthof, der dann zwei Jahre später eingeweiht wurde. Die Fotografie eines städtischen Fotografen aus dem Jahr 1905 in Richtung auf das Verwaltungsgebäude an der Schlachthofstraße zeigt links die beiden Schlachthallen für Großvieh, rechts die Schweine- und Kleinviehschlachtgebäude.

Die nach Plänen des städtischen Architekten Haase im September 1891 eingeweihte Versorgungseinrichtung galt damals als richtungsweisend für andere deutsche Großstädte. Die Ställe des Viehhofs waren mit direktem Gleisanschluß vom Bahnhof her versehen, die Schienen führten aber auch innerhalb der Einrichung weiter zu den Schlachthäusern. Das damalige Areal des neuen Schlacht- und Viehhofes belief sich auf rund 7 ha. Die ebenfalls aus dem Jahr 1905 erhaltene Aufnahme in Richtung Rothenburger Straße zeigt die doppelte Gleisführung zwischen den Schlachthallen vom Viehhof aus. Am Ende der Schienen war eine Drehscheibe zum Wenden der Lokomotiven eingebaut.

Wo mögen die hier frisch geschlachteten Tiere hergekommen, in welchen Mägen mögen sie gelandet sein. Historische Fotografien – und auch dieses im Jahr 1933 in der Großviehschlachthalle entstandene Bild zählt dazu – erinnern immer an längst vergangene Augenblicke. Manche Vorgänge, die sich oftmals täglich wiederholen, werden manchmal nur in der Fixierung des Augenblicks im Lichtbild bewußt wahrgenommen. Inzwischen ist der städtische Schlachthof seit August 1997 geschlossen. Aufnahmen wie diese können nicht mehr gemacht werden. Vielleicht wird die künftige Gestaltung des Schlachthofs das heutige Sündersbühl ebenso verändern, wie es die 1891 eröffnete städtische Einrichtung in den danach folgenden Jahrzehnten getan hat.

Zur Erinnerung an den alten Schlachthof diese schöne Aufnahme aus den dreißiger Jahren: Ein Maibaum ziert einen gerade in der ausgedehnten Anlage stattfindenden Ferkelmarkt.

Obwohl eigentlich zum 1899 eingemeindeten Gibitzenhof gehörend, wird das an der Bahnlinie nach München liegende Sandreuth eher mit St. Leonhard und Schweinau in Verbindung gebracht. Das war früher auf die Trennung des Weilers von Gibitzenhof durch den Ludwigskanal zurückzuführen, die sich nun nach dem Bau des Frankenschnellwegs auf dessen Bett fortsetzt. Sandreuth erhielt seine Prägung durch das hier in den Jahren 1901 bis zum Oktober 1904 errichtete neue Gaswerk. Nachdem das alte Gaswerk ohne Erweiterungsmöglichkeiten an der Rothenburger Straße (siehe Seite 107) den stetig wachsenden Bedarf nicht mehr decken konnte, wurde 1898 der Neubau schon unter Berücksichtigung des künftigen Mehrverbrauchs beschlossen. Die Gaserzeugung in Nürnberg lief – am Kriegsende bis 1946 unterbrochen – bis in das Jahr 1975, als das billigere russische Erdgas die Eigenproduktion in den immer wieder erweiterten Anlagen beendete. 1906 entstand die Aufnahme von dem nach Plänen von Georg Kuhn errichteten Verwaltungsgebäude. Links der Turm für den Wasserbehälter des alten Reinigungshauses.

Schon wieder verschwundene Leiteinrichtungen des vergehenden Industriezeitalters: Die trockengefallene Kanalschleuse an den Rampen und einer der älteren Nürnberger Teleskop-Gasometer. Aufnahme 1977.

Nach dem Entwurf des damaligen städtischen Oberbaurates Walter Brugmann wurde 1926 der neue Koksbunker fertiggestellt. Mit dem gleichzeitig errichteten Wasserreinigungsgebäude setzten die beiden Neubauten moderne und architektonisch gehaltvolle Akzente in den um die Jahrhundertwende in eher romantischem Stil entstandenen Komplex des Gaswerks. Der 1897 geborene Brugmann, seit 1925 Leiter des Hochbauamtes, stieg 1928 zum Baureferenten der Stadt auf, übernahm 1934 die örtliche Bauleitung des NS-Reichsparteitagsgeländes und wurde 1940 von Albert Speer mit der Gesamtbauleitung für die Neugestaltung Berlins beauftragt. Im Mai 1944 kam Brugmann, dem Heinz Schmeißner als Baureferent schon in der NS-Zeit nachfolgte, bei einem Flugzeugabsturz ums Leben. Aufnahme des Hochbauamtes 1926.

Gleich zu Beginn der Ortschaft St. Leonhard, in der Schweinauer Straße 6, fotografierte ein städtischer Fotograf im Jahr 1913 dieses, das „alte Schloß" genannte Haus. Der Name bezog sich sicher auf den gegenüberliegenden Nützelschen Herrensitz, zu dessen Areal es möglicherweise gehört haben könnte. Die Bewohnerschaft bestand ausnahmslos aus armen Leuten. Im Stadtadreßbuch von 1905 wird als Besitzer die Stadt Nünberg genannt, die es wohl später für die Freifläche des Schulhauses Schweinauer Straße abriß. Nachdem schon 1881 und 1898 Teile von Sündersbühl zum Bau des Schlachthofes nach Nürnberg eingemeindet worden waren, kamen 1899 mit der großen Eingemeindungsaktion der Rest von Sündersbühl und der Ortsteil St. Leonhard zur Stadt Nürnberg. Der Bau des Schlachthofes beschleunigte das städtische Vordringen entlang der Schweinauer und Schwabacher Straße in Richtung Süden, so daß in den Jahren nach 1900 bereits die Verbindung vom Plärrer bis an den südlichen Ortsrand von Schweinau nahezu ununterbrochen bebaut ist.

Ein rührendes Bild, ein trauriges Bild aus dem Jahr 1943, wohl im Winter. Eine Frau und ein älterer Mann, der ein einfaches Holzkreuz trägt, gehen über den Leonharder Friedhof. Wer gestorben ist, wir wissen es nicht. Vielleicht ist auch der Sohn gefallen. Hinter ihnen die alte, jetzt unter den Bomben zusammengebrochene St. Leonhardskirche. Ein Bild von einem Kriegstag in Deutschland, in Nürnberg 1943. St. Leonhard war einer der vier Siechkobel an der Straße nach Augsburg und Basel. Die Siechkobelkapelle und spätere Pfarrkirche, deren schon 1317 geweihter Chor erhalten geblieben ist, wurde bereits 1552 zerstört und erneut 1632 während des Dreißgjährigen Krieges bis auf den Chor niedergebrannt. Als wäre das nicht genug gewesen, kam mit dem Bombenangriff von 1943 die vollständige Zerstörung. Erst 1959 war der Wiederaufbau beendet. Die Pfarrei von St. Leonhard war seit 1810 bis zu Beginn des 20. Jahrhunderts zuständig für die Gemeinden Schweinau, Sündersbühl, Gibitzenhof, Steinbühl und Gostenhof und umfaßte noch 1910 43 000 Seelen.

Die Schwabacher Straße ist die eigentliche Hauptstraße von St. Leonhard. Im Mai 1944, als die städtischen Fotografen auszogen, um in Erwartung weiterer Bombenangriffe das Stadtbild auch in den Vorstädten zu dokumentieren, sah es hier vergleichsweise friedlich aus – wer aber genauer hinsieht, entdeckt außer der zerstörten St. Leonhardskirche auf der rechten Seite bei den vor der Drogerie Pappler stehenden Frauen und den anderen Geschäften die mit Brettern gegen Splitter zugenagelten Schaufenster. Gegenüber dieser Fotografie hat sich eigentlich wenig verändert, nur das Haus Nr. 75 mit der Drogerie ist verschwunden, während die noch im 19. Jahrhundert entstandene niedere Bebauung auch heute noch den Blick zum Leonhardsplatz bestimmt.

Der Fotograf zog ein Stück weiter in die Schweinauer Hauptstraße und fotografierte in die Richtung, von der er gekommen war, die linke Häuserzeile ab der Nummer 26 mit den auf dem Vorplatz stehenden Wagen, dann die Bäckerei Höfler in Nr. 24 und die beiden folgenden Häuser Nr. 22 mit Metzgerei und die Nr. 20 mit der Eisenwarenhandlung Möckel. Rechts mündet die Elisenstraße, die sich auf der anderen Straßenseite fortsetzte. Die Wagen und Karren vor dem großen Tor in dem zurückgesetzten Haus Nr. 26 stehen vielleicht im Zusammenhang mit der hier noch in den dreißiger Jahren arbeitenden Schmiede von Johann Weißmann, vielleicht gehört sie einer der für Schweinau typischen Fuhrwerkereien. Heute findet sich kein einziges dieser Häuser mehr im Straßenbild.

Eine fast dörfliche Idylle, in der vom Krieg noch nichts zu sehen war, fand der Fotograf dann in der Hinteren Marktstraße vor, in der er, bei der abzweigenden Vorderen Marktstraße stehend, seine Aufnahme in Richtung Nordosten machte. Rechts das längst verschwundene Wirtshaus „Zum grünen Baum" in der Hinteren Marktstraße 71. Links angeschnitten, das Haus Vordere Marktstraße 13. Nach dem niederen Häuschen – hier befindet sich heute das Postgebäude – mündet links bei dem noch vorhandenen spitzgiebeligen Bauernhaus die Elisenstraße.

1875 baute Schweinau in der Schweinauer Hauptstraße sein neues, mit einem schönen Uhrentürmchen versehenes Rathaus. Neben dem Eingang stand das Kriegerdenkmal für die im Krieg 1870/71 gefallenen Schweinauer, das sich jetzt in der Grünanlage bei der Hohen Marter befindet. 1899 wurde die bis dahin selbständige Gemeinde Schweinau nach Nürnberg eingemeindet. Allerdings gab es mit den Schweinauern wesentlich mehr Probleme als mit den anderen zwölf Eingemeindungskandidaten. So kam erst am 29. Dezember 1898, zwei Tage vor der geplanten Eingemeindung, die königliche Genehmigung. Angeblich – so ein Schweinauer Lokalchronist – sollen sich nicht wenige Schweinauer am Eingemeindungstag vor dem Rathaus versammelt und den Nürnbergern den Zutritt verwehrt haben. Die zu Hilfe geeilten Nürnberger Polizisten mußten sich angeblich sogar im Schweinauer Rathaus verbarrikadieren. Erst der militärische Einsatz einer Schwadron „Schwollesches“ (Chevaulegers) aus der Bärenschanzkaserne soll dann die Schweinauer Revolte niedergeschlagen haben, indem sie ihre flachen Säbelklingen auf die Schweinauer Köpfe schlugen. Aber vielleicht entstand diese Geschichte auch bei einer feuchten Trauerfeier in einem der vielen Schweinauer Wirtshäuser. Das Rathaus diente dann bis 1911, als das Schulhaus Amberger Straße fertiggestellt war, als Schule. Aufnahme: 1944. Unten: Nicht mehr ganz soweit her war es mit dem Lokalpatriotismus der Schweinauer, als sie zuließen, daß ihr schönes altes Rathaus jahrzehntelang als Tapetenlager zubarrikadiert wurde.

Am 17. Oktober 1908 entstand diese Aufnahme. Auf ihrer Rückseite trägt sie die Informationen: „Schweinauer Hauptstraße. Abgebranntes Haus mit Scheune“, ohne näheren Hinweis, welches das verbrannte Haus denn war. Vielleicht die Gebäude auf der rechten Seite, damals die Nr. 47, die in der Folge verschwunden ist, denn hier mündete nach 1910 die neue Vordere Marktstraße. Gut identifizieren läßt sich in der Mitte links das hervorschauende Wirtshaus „Zum gelben Löwen“, Schweinauer Hauptstraße 44, und das Haus davor mit der Nr. 46 mit dem Pferdewagen. Der gehört wohl zum Rollfuhrgeschäft der Familie Pfister, die einige Jahre vorher noch als Bauern im Adreßbuch geführt wurde. Diese kleinen Schweinauer Speditionsbetriebe entstanden erst um die Jahrhundertwende, als die dort sich ansiedelnden oder vergrößernden Industriebetriebe dringend Transportkapazitäten benötigten. Die Fuhrwerkerei Pfister bestand bis 1965.

1940 wurde das Wirtshaus „Zum gelben Löwen", Schweinauer Hauptstraße 44, einmal mehr fotografiert. Der „Gelbe Löwe", der den Zweiten Weltkrieg überstanden hatte, wurde im Jahr 1958 geschlossen. Daneben, etwas zurückgesetzt, mit Nr. 42 das nächste Gasthaus „Zum schwarzen Bären", rechts die Einmündung der Vorderen Marktstraße. Beide Wirtshäuser sind verschwunden. Auf der neubebauten Straßenseite erinnert nichts mehr an die alten Zeiten. Schweinau war für die Vielzahl seiner Wirtshäuser bekannt. Das lag zum einen an der Bedeutung der Schweinauer Hauptstraße als Teil der Fernstraße in den Süden Richtung Augsburg, zum anderen an den billigen „bambergischen" Bierpreisen, die sich aus den Herrschaftsverhältnissen ergaben (wahrscheinlich gehörte Schweinau schon 1007 zum Bistum Bamberg). Das lockte die Nürnberger Bierfreunde in großen Scharen an, was den Rat der Stadt mehrfach zu Gegenmaßnahmen trieb.

Das Gasthaus „Zum schwarzen Adler“ in der Schweinauer Hauptstraße 62, hier fotografiert im Jahre 1912, ist das einzige der historischen Schweinauer Wirtshäuser, das noch bis in unsere Tage betrieben wird. Die hohe Zahl der Schweinauer Wirtschaften war schon fast sprichwörtlich: Im Jahre 1792 wurden 25 Wirtshäuser bei insgesamt nur 60 Anwesen gezählt, im Jahr 1898, unmittelbar vor der Eingemeindung, waren es immer noch 26 Gasthäuser, davon allein 17 im alten Ortskern. Im Zusammenhang mit den vielen Wirtschaften und dem Ruf Schweinaus, einer der „vorzüglichsten Belustigungsorte“ in Nürnbergs Umgebung zu sein, ist auch die Legende von der „Schweinauer Durl“, jener hübschen Dorothea zu sehen, die die jungen Männer aus Nürnberg nach Schweinau in die Kneipen zu den Soldatenwerbern gelockt haben soll. Diese und die folgende Aufnahme zeigen auch den verschwundenen alten Brunnen aus dem Jahr 1740 vor dem Haus Schweinauer Hauptstraße 58. In die dörfliche Idylle ragt schon im Hintergrund die Außenwand eines hohen Mietswohnhauses.

Das Haus Nr. 58 mit der heute noch bestehenden Fuhrwerkerei und Spedition Wißmeyer wurde wohl bei gleicher Gelegenheit mit einer veränderten Position des Fotografen im Jahr 1912 auch stadteinwärts aufgenommen: Das Haus steht heute leer. Im Hinterhof hat sich noch das alte Stallgebäude erhalten. Auf der rechten Straßenseite gegenüber beginnt sich mit dem hohen Haus Gostenhofer Hauptstraße Nr. 57 und den Mietshäusern im Hintergrund die städtische Bebauung schon stärker durchzusetzen. Quer zur Straßenrichtung ragt das Häuslein Nr. 53 ins Bild (Zigarrengeschäft Kett, rechts daneben in dem niederen Bau befand sich, mit Lupe gut erkennbar, das Geschäft des approbierten [!] Baders J. Mitterer).

Mehr als 70 Jahre später als die beiden vorhergehenden Fotografien entstand diese Aufnahme vom „Schwarzen Adler", der inzwischen nicht nur den Außenputz zugunsten des modisch gewordenen fränkischen Fachwerks verloren hat sondern auch seinen alten Namen. Ob der Brauereiname einladender klingt muß bezweifelt werden, auch die „Schäffbräu-Stuben" sind eingegangen, dafür ist die Pizzeria Cala Luna eingezogen. Noch steht das alte Speditionsgebäude. Zwischen die modernen Wohnblocks eingezwängt halten die Häuser die Erinnerung an Alt-Schweinau aufrecht. Aber auch die „Dreier" ist nach der Inbetriebnahme der U-Bahnstrecke nach Röthenbach inzwischen schon wieder Vergangenheit und Erinnerung.

Auch im Haus Maiachstraße 1, an der Gostenhofstraße bei der Abzweigung der Maiachstraße, der heutigen Holzwiesenstraße gelegen, befand sich mit dem „Goldenen Lamm" ein weiteres Schweinauer Wirtshaus. Heute steht hier ein Neubau und die Schweinauer Kinder sind nicht mehr barfuß wie zum Aufnahmezeitpunkt im Mai 1921. Wirt war damals Michael Wirsching. Im Eckhaus rechts, wohl ebenfalls aus dem 18. Jahrhundert stammend, hielt Bäcker Georg Feuchtenberg sein „Brod" feil.

In der Maiachstraße – sie führte außerhalb der Ortschaft als Feldweg über den Schweinauer Espan nach Maiach – unter der Nummer 18 stand ein von den Ansbacher Markgrafen erbautes Jagdschlößchen mit seinen Nebengebäuden. In der Zeit vor dem Ersten Weltkrieg, als diese Fotografie entstand, hatte sich hier schon die 1846 gegründete Sport- und Spielefabrik Schrödel in dem Anwesen niedergelassen. Nach der Kriegszerstörung wurde das Gebäude in stark vereinfachter Form wiedererrichtet. Das schöne Sandsteinportal wurde zwischen dem heutigen Wohnhaus und dem linken erhalten gebliebenen Nebengebäude von der Straße her sichtbar nach hinten in den Garten verlegt.

Daß in der Vorstadt Schweinau neben der Kirchweih auch sonst noch einiges los war, zeigen diese und die nächsten beiden Aufnahmen. Der Zeitungsfotograf Kurt Triest fotografierte wohl um das Jahr 1932 mit seiner neuen Leica die aus Schweinau stammende Artistenfamilie bei ihrer Darbietung von „Schäfers Großfreilicht Wanderschau" in der Vorderen Marktstraße auf der noch unbebauten Fläche Nr. 6 und 8. Wie zu erkennen ist, hatten sich ausreichend Zuschauer eingefunden, um die Hochseilartisten vor der Seitenwand des Hauses Hintere Marktstraße 10 zu bewundern. Wohl um den Eintritt zu sparen, stand ein Teil der Zuschauer auf der anderen Straßenseite bei den noch vorhandenen Häusern Nr. 11 und 13.

Daß das Programm gut ankam, besonders bei der Schweinauer Jugend von damals, zeigt diese Aufnahme. Vermutlich wurde gerade die Clownsnummer gegeben, denn auch davon existieren Bilder. Es gibt wenige Fotografien aus der damaligen Zeit aus Nürnberg, die solche Szenen lebensecht festhalten. Sollte sich der eine oder andere Leser auf dem Foto wiedererkennen, möge er sich beim Verfasser dieser Zeilen melden.

„Hoch über Schweinau" ließe sich dieses Triest-Foto wohl vom Training der Artistengruppe auch in der Vorderen Marktstraße betiteln. Der jüdische Nürnberger Kurt Triest verließ seine Heimatstadt nach 1933, emigrierte 1935 nach Palästina und ließ sich später in Tel Aviv nieder. Bei seinem ersten Besuch seit damals im Jahr 1981 brachte er diese Fotos und andere Negative, die er nie wieder angesehen hatte, nach Nürnberg mit und überließ sie der Stadt. Kurt Triest starb 1985 in Tel Aviv. Seine beiden Eltern, die Nürnberg nicht verlassen hatten, wurden im März 1942 mit dem zweiten Transport nach Izbica bei Lublin deportiert. Dort wurden sie mit größter Wahrscheinlichkeit wie andere jüdische Nürnberger Bürger ermordet. Heute gehören diese Bilder zu den Nürnberger Erinnerungen.

Auf die grüne Wiese gesetzt wurde das 1911 erbaute Schweinauer Schulhaus an der Ambergerstraße. Die bisherigen Schulräume in der alten Schweinauer Schule (1858/60 erbaut, heute Elisenstraße 11), die bei den rasch gewachsenen Kinderzahlen längst nicht mehr ausreichten, konnten endlich aufgegeben werden. Auch diese Schule kann als Denkmal für die Geschichte unseres Jahrhunderts gesehen werden: Im Ersten Weltkrieg Nutzung als Rekruten-Depot, im Zweiten Weltkrieg Unterkunft für 600 Fremdarbeiter. Am 3. März 1945 starke Zerstörungen durch einen Luftangriff, in den noch intakten Räumen wurden dann amerikanische Soldaten untergebracht. Im Herbst 1945 begann wieder ein notdürftiger Unterricht. Im Jahr 1952 war dann das Schulhaus wieder für den vollen Betrieb fertiggestellt.

Das Schweinau im Westen benachbarte Gibitzenhof war vor 1914 das Stadtviertel mit dem höchsten Bevölkerungswachstum. Das machte nur fünf Jahre nach der Einweihung des Gibitzenhofschulhauses bereits wieder einen Neubau notwendig, das 1910/11 erbaute Herschelschulhaus am Herschelplatz. Als eines der größten Nürnberger Schulgebäude verfügte es bei seiner Einweihung über 45 Schulzimmer und zwei Turnhallen. Auch dieses Schulhaus wurde kurz danach im Ersten Weltkrieg als Kaserne und Lazarett benutzt. Auch im Zweiten Weltkrieg wurde es Lazarett, bis das Gebäude im März 1945 durch Bomben zu drei Vierteln zerstört wurde. Nach einem Notbetrieb begann 1949/50 ein Teilwiederaufbau. Wiederhergestellt war das Haus erst zu Beginn der sechziger Jahre.

1913 erhielt das Herschelschulhaus zwei zusätzliche Baracken, in denen eine „Hilfsschule" für lernschwache und minderbegabte Kinder eingerichtet wurde. Die Fotografie zeigt den Schülerjahrgang 1921 aus der „Herschelbaracke" mit zwei Lehrerinnen. Die verwitterte Wand im Hintergrund unterstreicht die ohnehin eher traurige Ausstrahlung des Fotos. Die Kinder schauen sehr ernst, teilweise schüchtern und ängstlich. Wenige sehen locker in die Kamera, nur ein einziger Junge lächelt. Welcher Unterschied zu den heutigen Schultütenkindern und farbigen Klassenfotos. Auch die Kleidung ist sehr unterschiedlich und läßt Rückschlüsse auf die soziale Herkunft zu. Die Information auf der Fotografie läßt schließen, daß es sich um Kinder aus der Hilfsschule handelt. Das Bild selbst läßt eine solche Bestimmung nicht zu. Die Kinder auf dem Bild waren 1939 Mitte zwanzig, 1945 um die dreißig Jahre alt. Die vielleicht noch Lebenden wären über achtzig Jahre – Nürnberger am Ende ihres Lebens, geboren während des Ersten Weltkriegs.

Hinter diesem wirklich herrschaftlichen Portal, schon im Inneren der Schloßanlage, lag der fast 500 Jahre im Privatbesitz der Nürnberger Patrizierfamilie Löffelholz befindliche Herrensitz Gibitzenhof. 1455 wurde das befestigte Haus erstmalig erwähnt, als es an die Löffelholz überging. Als frühere Besitzer werden auch die Waldstromer genannt. Auch dieser Besitz inmitten des damals schon vorhandenen Dörfchens mit Viehwirtschaft, das seinen Namen von der alten Bezeichnung „Gigitzenhof" ableitete, wurde im Zweiten Markgrafenkrieg gegen die Ansbacher Hohenzollern niedergebrannt und in der zweiten Hälfte des 16. Jahrhunderts neu aufgebaut. Im Jahr 1945 wurde das zu den schönsten Nürnberger Herrensitzen zählende Ensemble vollständig zerstört. Die Ruinen wurden bis auf kleinste Reste abgetragen. Die Fotografie ist eine Reproduktion einer älteren Aufnahme von etwa 1935.

Diese ebenfalls aus der Mitte der dreißiger Jahre stammende Fotografie gibt, über die Gibitzenhofstraße gesehen, einen guten Überblick über den ganzen Herrensitz und die ihn südlich umgebenden älteren Häuser des alten Dorfes. Das „Alte Schloß" war von der Straße noch einmal durch einen Vorhof abgetrennt, in dem sich das aus dem Jahr 1752 stammende „Neue Schloß" (rechts) befand. Dazu kamen verschiedene Ökonomiegebäude und links, entlang der Meisenstraße, eine Schloßkapelle. Der ältere Herrensitz war im Stile einer Wasserburg noch bis um 1900 mit einem Wassergraben umgeben, der aus dem Vogelweiher bei der heute gleichnamigen Straße gespeist wurde. Gut im Hintergrund zu erkennen ist der alte Ludwigskanal. Heute befinden sich auf dem Gelände dieses verlorengegangenen Kleinods eine Tankstelle und ein in das Gebäude des erst in der Nachkriegszeit entstandenen Diana-Kinos eingezogener Supermarkt.

Zu Beginn des 19. Jahrhunderts bestand das abgelegene Dorf Gibitzenhof aus 24 Gebäuden mit eigener Hausnummer. Wie seit Jahrhunderten lebte man von der Landwirtschaft. Die Industrialisierung begann eigentlich erst, nachdem sich die Firmen Schuckert und MAN in der Nähe des Dorfes, wenn auch in anderen Gemeindebezirken niedergelassen hatten. Die Aufnahme vom Mai 1927 zeigt einen der alten Bauernhöfe (Frankenstraße 3) gleich nach der Abzweigung der Frankenstraße von der Gibitzenhofstraße.

Der städtische Fotograf hatte wohl im Mai 1927 die Aufgabe, die alten Gibitzenhofer Bauernhäuser zu dokumentieren, denn am gleichen Tag entstand diese Fotografie von einem der alten Höfe an der Nopitschstraße, Nr. 79. Zu dieser Zeit hatte bereits die verstärkte Niederlassung von Industriebetrieben in unmittelbarer Nähe an der Nopitschstraße begonnen und die Landwirtschaft ging ihrem Ende entgegen. Im Jahr 1945 wurde die letzte Kuh in Gibitzenhof geschlachtet.

„Gibitzenhof – Das südliche Dorf“ heißt die Information zu dieser Fotografie vom 27. August 1937. Erfaßt werden in einem Blick von oben die entlang der Meisenstraße aufgereihten kleinen Häuschen unmittelbar neben dem Löffelholzschen Herrensitz. Vorne rechts ist eines der ältesten Häuser, das ehemalige Hirtenhäuschen aus dem letzten Viertel des 16. Jahrhunderts mit einem teilweise noch in Schwedenhausform gebautem Dachteil zu erkennen. Im Jahre 1924 wurde es renoviert und zum städtischen Kleinwohnhaus umgebaut. In der Meisenstraße haben sich bis heute Reste des ländlichen Gibitzenhofs erhalten, auch wenn in unmittelbarer Nähe die Autos auf dem Frankenschnellweg vorbeibrausen. Im Hintergrund über dem Kanal hat sich bereits die Industrie dicht an den alten Dorfkern herangeschoben. Über den modernen großen Fabrikhallen zeigt sich in großen Buchstaben „Aluminium-Werke“ das neue, nun stark industriell geprägte Gesicht von Gibitzenhof.

Das älteste und das jedenfalls bei der Kirchweih beliebteste Gibitzenhofer Gasthaus war der „Goldene Hirsch" in der Nopitschstraße 104, später Gibitzenhofstraße 179, mit seinem großen, mit alten Kastanien bestandenen Wirtsgarten. Der Verfasser erinnert sich noch, daß er während der Kirchweih im letzten Jahr vor Schuleintritt im Gibitzenhofschulhaus vom Chef der Blaskapelle auf den Arm gehoben, die „Schützenliesl" dirigieren durfte. 1975 wurde das auch bei den Nürnberger Ausflüglern in Richtung Kanal außerordentlich beliebte Gasthaus abgebrochen. An seiner Stelle steht heute ein Supermarkt. Erhalten geblieben ist jedoch der „Loosgarten", auch eine der historischen Gibitzenhofer Wirtshäuser.

Den Krieg überstanden haben die Häuser Dianastraße 11 und 13 (heute Dianaplatz) am Eck zur Ulmenstraße mit der Gaststätte „Diana", die ein Fotograf des Hochbauamtes sicherheitshalber im Jahr 1944 abgelichtet hat. Zerstört wurde dagegen das im Hintergrund sichtbare, ebenfalls nach der Jahrhundertwende entstandene Gebäude Erlenstraße 1. Die starke Bautätigkeit im Süden von Gibitzenhof um die Dianastraße steht in engem Zusammenhang mit der Ansiedlung der MAN entlang der Frankenstraße nach 1899. Insbesondere der Bau der großen Wohnungsanlage Dianastraße für MAN-Beschäftigte am Eck zur Gibitzenhofstraße, nach dem Entwurf von Ludwig Ruff in den Jahren 1908/09 gebaut, prägt den Charakter der Dianastraße bis heute.

Gibitzenhof, ebenfalls im Jahre 1899 nach Nürnberg eingemeindet, gehörte vor dem Ersten Weltkrieg zu den am raschesten wachsenden Nürnberger Stadtgebieten. So stieg die Zahl der Häuser von 88 im Jahr 1871 bis 1915 auf 1800 Wohngebäude. Wurden 1871 noch 943 Einwohner gezählt, lag ihre Zahl im Jahr 1910 bei 30341. Die in Gibitzenhof sich niederlassenden Menschen waren größtenteils Einwanderer aus dem Umland, insbesondere aus Mittel- und Oberfranken sowie der Oberpfalz, die in der Industrie der Südstadt Beschäftigung und die Chance auf ein besseres Leben suchten. Die Schülerzahlen aus Gibitzenhof entwickelten sich von 300 an der Jahrhundertwende auf 1313 im Jahr 1910 und blieben die folgenden Jahre auf diesem Niveau. So entschloß man sich auf dem Areal des bisherigen Schulhauses in der Gibitzenhofstraße 151 ein vollständig neues großes Schulhaus zu errichten. Nach den Bauarbeiten von 1901–1905 wurde das noch von Äckern und Wiesen begrenzte Schulgebäude mit 30 Klassenzimmern eröffnet. Die Zahl der Kinder pro Klasse betrug im Jahr 1904 noch durchschnittlich 43, stieg schon ein Jahr später auf 59 und noch höher, so daß bereits wenige Jahre später die Planung für das Herschelschulhaus begann. Am 21. Februar 1945 noch durch einen Bombenvolltreffer stark zerstört, fand der Unterricht bis 1950 im Herschelschulhaus statt. Die Wiederherstellung war erst 1960 abgeschlossen. Heute beherbergt das Schulhaus das 1968 gegründete Pirckheimer-Gymnasium. Foto oben: Schule und Gibitzenhofstraße in den dreißiger Jahren. Unten: Die Aufnahme von Osten aus dem Jahr 1939 zeigt die immer noch naturnahe Lage.

In den Wanderführern der Jahrhundertwende wurde die Gibitzenhofstraße ausdrücklich als schöner Spaziergang unter Bäumen empfohlen. Das sollte sich durch die rasche Verstädterung im unteren Bereich der Straße in den folgenden Jahren bald ändern. Nach dem Ausbau der Gibitzenhofstraße bis zur Singerstraße 1891 schoben sich die Häuser immer stärker nach Süden vor. Bis zum Kriegsbeginn war die Gibitzenhofstraße bis zur Linie Karlsruher Straße beidseitig vollständig bebaut. Unsere Aufnahme aus dem Jahr 1944 zeigt einen Blick durch die Straße in Richtung Norden über die kreuzende Landgrabenstraße hinweg. Der Standort des Fotografen war etwa bei der Einmündung der Linnéstraße links. Ein Vergleich mit heute zeigt auf der linken Seite den Verlust sämtlicher Häuser. Auf der rechten Seite stehen nur noch das Haus Gibitzenhofstraße 51 und der Sparkassenbau. Von der Altstadt abgesehen, gibt es in anderen Stadtbezirken nur wenige Bereiche, die einen ähnlich hohen Zerstörungsgrad aufweisen wie dieser Teil der Südstadt einschließlich der Landgrabenstraße.

Diese Fotografie wurde Mitte der dreißiger Jahre im Zuge der Planung für den Neubau der Sparkasse in der Gibitzenhofstraße 55 gemacht. Sie erfaßt die linke Straßenseite mit dem Haus Nr. 51, in dem sich damals ein Lebensmittel- und ein Blumengeschäft befanden, sowie das rechts durch eine Mauer abgetrennte Baugrundstück mit einem einstöckigen Häuschen. Rechts im Hintergrund erfaßte die Kamera das hereinragende Eckhaus Nr. 58 bei der Einmündung der Linné- und Charlottenstraße, in dem eine Kurz- und Textilwarenhandlung unter dem Namen Kaufhaus Schick seine Waren verkaufte. Im Angebot waren gerade billige Schürzen. Auch dieser jüdische Händler mußte sein Geschäft später aufgeben.

Auf Gibitzenhofer Gebiet westlich des Ludwigskanals entstand nach 1911 als Gartenstadtsiedlung für MAN-Beschäftigte die Werderau. Namensgeber war Ludwig Werder, der technische Leiter der Cramer-Klettschen Werke als Vorläufer der MAN. Die im „Arbeiterbarock" errichtete Werkssiedlung im Grünen umfaßte bis zum Ersten Weltkrieg bereits drei größere Häuser und 118 für jeweils eine Familie berechnete Wohngebäude. Bis zum Zweiten Weltkrieg stieg die Zahl der Wohnhäuser auf 265, doch wurde ein erheblicher Teil der musterhaften und bis heute gemütlichen Anlage von Kriegszerstörungen betroffen. Die private Aufnahme entstand im Jahr 1952 anläßlich der Feier zum dreißigjährigen Bestehen der Freiwilligen Feuerwehr der Siedlung am Volckamerplatz.

Die am 23. Juni 1920 vom Hasenbuck aufgenommene Fotografie zeigt über die Katzwanger Straße das neue Werk der MAN an der Frankenstraße (siehe auch S. 12 und 13). Die neue Produktionsstätte gab weitere entscheidende Impulse für das Wachstum von Gibitzenhof und Lichtenhof nach 1900. Ausschlaggebend für die Verlagerung des damals noch zweitgrößten Nürnberger Unternehmens war der 1898 begonnene und 1903 fertiggestellte Bau des Rangierbahnhofs im Süden des Hasenbucks. Auf der gigantischen Baustelle wurden damals für die insgesamt 80 Geleise 90 km Schienen verlegt. Aus welchem Anlaß die auf dem Foto festgehaltenen Soldaten oder Polizisten mit einer Musikkapelle voraus und von Kindern begleitet die Katzwanger Straße hinunter marschierten, war nicht zu ermitteln. Zwischen den beiden hohen Schloten erkennt man in der Ferne die neue Fränkische Schuhfabrik (siehe nächstes Bild).

Das Gemeindegebiet von Gibitzenhof dehnte sich im Südosten aus bis nach Lichtenhof, das einen eigenen Ortsteil bildete. Im Umfeld der Mündung der früh als Verbindung zwischen den Schuckertwerken und der MAN bebauten Gugelstraße siedelten sich neue Betriebe an und entstanden Mietshäuser. Der westlich der Gugelstraße entstandene Bereich erhielt den Namen Neugibitzenhof. Für den Siedlungsbereich zwischen Gugel-, Sperber- und Markgrafenstraße, in dem sich auch noch in den zwanziger und dreißiger Jahren viele Zuwanderer niederließen, entstand die Bezeichnung „Rabus" als besonderes Stadtviertel. Hier siedelte sich 1908 in der Markgrafenstraße die Firma Leistriz an. Es folgte 1915 die „Vereinigte Fränkische Schuhfabrik Berneis & Wessels AG" in der Ulmenstraße 52. Den jüdischen Inhabern wurde später ihr Besitz genommen. Die Aufnahme zeigt die völlig ausgebrannte Fränkische Schuhfabrik im Jahr 1945.

Nach der Ansiedlung der MAN am Hasenbuck wurde in den Jahren nach 1911 auch die südliche und östliche Seite der Erhebung bebaut. Die lutherische Gemeinde von Lichtenhof entwickelte sich durch den ständigen Zuwachs zu einer der größten Kirchengemeinden in Deutschland. Im Juni 1937 wurde die schlichte von Max Kälberer entworfene Lutherkirche auf dem Plateau des Hasenbucks geweiht. Bei diesem Festgottesdienst entstand die abgebildete Fotografie von dem bis heute in den letzten Resten des Reichswaldes – vor dem Bau der MAN reichte der Wald noch bis zur Frankenstraße – stehenden Kirchlein. Nach starken Kriegsschäden wurde die Lutherkirche wieder instandgesetzt und 1965 erweitert.

Die Fotografie aus dem Jahr 1913 zeigt das Steinbühler Schlößchen, einen in der Wiesenstraße 19, nahe der Abzweigung der Peter-Henlein-Straße, bis in den Zweiten Weltkrieg noch erhaltenen Herrensitz, der allerdings schon nicht mehr im besten Zustand war. Auch dieser, in das Verteidigungssystem der Stadt schon im Vorfeld der Stadtmauern einbezogene Sitz hatte einen Vorgängerbau, der 1552 im Markgrafenkrieg zerstört worden war. Bis Mitte des 19. Jahrhunderts war er als frühere Wasserburg noch von einem Wassergraben umgeben. Ein noch älterer befestigter Sitz, nach Nagel wohl schon vor Mitte des 13. Jahrhunderts entstanden und den Herren von Stein gehörig, soll die Urzelle des Dorfes gewesen sein. Die Lage des schon im 18. Jahrhundert verschwundenen „Alten Schlosses" auf einem Bühl, einer kleinen Erhebung, hatte der später für Nürnbergs Entwicklung so wichtigen Vorstadt den Namen gegeben.

Noch einmal zum Plärrer zurück und zu dem auf Seite 98 oben abgebildeten Panorama von Ferdinand Schmidt vom Spittlertorturm aus dem Jahr 1865. Die abgebildete Fotografie ist die nächste östlich anzusetzende Aufnahme dieses Panoramas. Sie zeigt die vom Frauentorgraben abzweigende Steinbühler Straße in Richtung des Dorfes. Im Hintergrund in der Mitte sind die vielen Schlote der Zeltnerschen Ultramarinfabrik zu erkennen, die, 1838 gegründet, einen der bedeutenden Schritte Nürnbergs in die Industrialisierung darstellte. Noch ist die Landschaft in der Umgebung von Steinbühl offen, auch wenn eine annähernd zum Zeitpunkt der Aufnahme 1861 veröffentlichte Schilderung von Steinbühl wohl ganz so nicht mehr zugetroffen haben dürfte: „Zwischen blumenreichen Wiesen, fruchtbaren Getraid- und anderen Feldern, südlich eine Viertelstunde von Nürnberg, hinter der Vorstadt Gostenhof, ohnweit der Staatsbahn und der Zeltnerschen Ultramarin-Fabrik, auf einer Ebene liegt das freundliche Dorf Steinbühl, ein nicht unbedeutender Ort."

Auf einer Ansichtspostkarte rund 50 Jahre später wurde diese Fotografie von Steinbühl und rechts im Hintergrund des südlichen Teils von Lichtenhof in die Welt hinausgesandt. Die Aufnahme entstand wohl vom Turm der 1894 fertiggestellten Christuskirche – Turmspitze und Wetteradler sind mit Sicherheit in das Bild montiert. Die Kamera erfaßt eine sich bis zum Horizont erstreckende Häuseransammlung, von der Landgrabenstraße fast schluchtartig durchzogen. Hätte der Fotograf in umgekehrter Richtung fotografiert, wären die ebenfalls schon wieder wie eine Stadt für sich wirkenden neuen Schuckert-Werke entlang der Landgraben- und Tafelfeldstraße ins Bild gekommen. Links ganz verschwommen im Hintergrund die Peterskirche, rechts der Turm von Herz-Jesu, etwas weiter rechts das Holzgartenschulhaus. Steinbühl war 1865 als das „gewerbereichste Dorf Bayerns“ eingemeindet worden. 1910, zum ungefähren Zeitpunkt dieser Aufnahme war es Nürnbergs am stärksten industrialisierter Stadtteil mit dem höchsten Arbeiteranteil unter allen Stadtvierteln.

Die Gugelstraße verband die Schloßäckerstraße mit der Frankenstraße. Als Verbindung zwischen den Schuckertwerken und der MAN war sie eine der Hauptlinien der städtischen Bebauung von Steinbühl nach Gibitzenhof. Im mittleren Bereich entstanden Werkswohnungen der Schuckert-Baugenossenschaft und weiter nach Süden auch einige Wohnhäuser für MAN-Arbeiter. Die Fotografie aus dem Jahre 1906 zeigt die noch aus der frühen Phase der Industrialisierung um 1879 stammenden Häuser Gugelstraße 2–10. Die Schmalseite der Drogerie von Wilhelm Ilgenfritz schaut auf die am Bahndamm verlaufende Schloßäckerstraße. Die Grundlagen für Steinbühls raschen Aufstieg zum Industrieviertel wurden mit dem Bau des Bahnhofs vor dem Frauentor gelegt.

Etwa um 1910 dürfte dieses Bild entstanden sein. Es zeigt die Schwanenapotheke, Peter-Henlein-Straße 18, an der Abzweigung Heyne- bzw. Gugelstraße von der rechts verlaufenden Peter-Henlein-Straße. Das Foto gibt einen guten Eindruck von der in den letzten beiden Jahrzehnten vor 1900 üblichen niedrigen Bauweise für einfache Mietwohnungen. Auch hier erfreuen den Betrachter wieder die Spielmöglichkeiten für die Kinder auf der gepflasterten Straße, die allerdings dringend notwendig waren, denn die kleinen Wohnungen waren meistens heillos überbelegt.

Die Wiesenstraße war die alte Hauptstraße des Dorfes Steinbühl. Diese Aufnahme aus dem Jahr 1913 vom Haus Wiesenstraße Nr. 38, am Eck zur Melanchthonstraße gelegen, kann gut als Dokument für die schlechten Wohnverhältnisse der damaligen Arbeiterbevölkerung dienen. Im Haus hatte der Fotograf Stadelmair sein Geschäft, aber sicher keine gutzahlende Kundschaft. Vor dem alten, heruntergekommenen Gebäude hat sich die wohl zum Haus gehörende Kinderschar versammelt, ergänzt vielleicht um die Freunde aus der Nachbarschaft. Um 1910 hatte Steinbühl die höchsten Bevölkerungszuwachsraten in der ganzen Stadt: Während zwischen 1905 und 1910 die Bevölkerung in Gostenhof um nur 1,5 Prozent zulegte, lag dieser Satz in Steinbühl bei 21 Prozent. Damals lebten knapp 40 000 Menschen in Steinbühl, 374 Menschen je Hektar.

Mehr an ein Schloß als an ein Schulhaus erinnert diese 1916 fotografierte Ansicht des Melanchthonschulhauses am gleichnamigen Platz. Der Baubeginn für das an der Nahtstelle zwischen Steinbühl und Gibitzenhof gelegene Schulgebäude im Jahr 1898 fiel genau in die Phase des stärksten Bevölkerungswachstums der Stadt. Bei der Eröffnung zu Beginn des Schuljahres 1900/1901 waren in dem eleganten Schulpalast neben 30 Klassen- und sieben Lehrerzimmern eine Turnhalle und ein Festsaal mit je 200 Quadratmetern vorhanden. Weiterhin gab es eine Schulküche, zwei Karzer sowie die Wohnungen für Heizer und Hausmeister. Gelobt wurde auch der Spielhof mit 2200 Quadratmetern Grundfläche. Noch einmal Respekt für die damaligen Stadtväter, die sich lieber verschuldeten als vor den Problemen zu kapitulieren. Das im Ersten Weltkrieg als Lazarett belegte Gebäude wurde während des Zweiten Weltkriegs vollkommen zerstört und nicht wieder aufgebaut.

Für viele Leute war Steinbühl identisch mit Fabrikarbeit und den Schuckertwerken. Schon 1878 verlegte Sigmund Schuckert seinen fünf Jahre vorher in der Schwabenmühle gegründeten Betrieb in die Schloßäckerstraße in Steinbühl. Zehn Jahre später, 1889/90, begann das dynamisch wachsende Unternehmen mit dem Bau der riesigen Fabrikanlagen auf der grünen Wiese im Süden von Steinbühl entlang der Landgraben-, Gugel-, Tafelfeld- und Humboldtstraße. Nachdem damals die Arbeiterschaft – schon aufgrund der ungünstigen Verkehrsverhältnisse und langen Arbeitszeiten – Wohnungen in Fabriknähe bevorzugte, beschleunigten die Schuckertwerke den Zuzug nach Steinbühl. Die Firma Schuckert selbst steuerte dies durch den Bau der großen, damals beispielhaften Werkssiedlungen zwischen Gugel- und Voltastraße um den Schuckertplatz. 1895 wurde die Firma Schuckert, die 1903 mit der Firma Siemens fusionierte, mit 3500 Beschäftigten der größte Nürnberger Arbeitgeber. Unsere Aufnahme von 1915: Frauen montieren unter den Augen des Meisters Elektromotoren zusammen.

Als neue großstädtische Vergnügungsorte etablierten sich nach der Jahrhundertwende die Kinos auch in den Vorstädten. Im Jahr 1909 eröffnete in der Wiesenstraße 67 unmittelbar hinter der 1894 errichteten Christuskirche das „Central Theater lebender, sprechender und singender Photographien", wie es auf dem Firmenschild in dieser Aufnahme aus dem Jahr 1913 heißt. Nach der völligen Zerstörung im Zweiten Weltkrieg wurde die Spielstätte im Januar 1954 in einem damals modernen Neubau wiedereröffnet. Das „Central" als eines der ersten Kinos in Nürnberg überhaupt, besteht heute noch, auch wenn es seinen Markt nur noch auf dem speziellen Sektor von Sex- und Pornofilmen besitzt.

Die Tafelfeldstraße war im Abschnitt vom Tafelhoftunnel bis zur Landgrabenstraße vor der weitgehenden Zerstörung im Zweiten Weltkrieg eine der am besten mit Geschäften aller Art ausgestatteten und lebhaftesten Straßen der Südstadt. Leider kann die wiederaufgebaute Nachkriegsstraße nicht mehr an diese Vergangenheit anknüpfen. Unsere Abbildung vom April 1911 zeigt – aus der westlichen Bogenstraße fotografiert – das „Kaufhaus für Gelegenheitskäufe“ von Hermann Polatschek in der Tafelfeldstraße 15 am Eck zur Bogenstraße.

Der östliche Teil des Aufseßplatzes zählt schon zu Galgenhof. Als eines der wichtigsten Zentren auch der Stadtteile Steinbühl, Tafelhof und Lichtenhof darf er hier nicht fehlen. Die wichtige Rolle der 1876 entstandenen Platzanlage drückt sich auch auf dem am 30. Juni 1894 entstandenen Foto aus: Der Aufseßplatz wurde zur Endstation einer eigenen, vom damaligen „Centralbahnhof" ausgehenden und durch die Tafelfeldstraße führenden Pferdebahnlinie. Das Bild zeigt die festlich geschmückten Wagen am Ziel im südlichen Bereich des Platzes. 1903 fuhr die inzwischen elektrifizierte Bahn durch die Wölckern- zur Allersberger Straße in Höhe der Forsthofstraße. Seit 1913 steuert die „Achter" den Südfriedhof via Aufseßplatz und Christuskirche an.

Wohl Ende der zwanziger oder zu Beginn der dreißiger Jahre fing der Fotograf Carl Weber diese schöne Lichtstimmung bei den ja auch heute glücklicherweise hier stehenden Marktständen vor dem Kaufhaus Schocken ein. Der „Schocken", wie echte Südstädter auch heute noch sagen, wurde nach dem Abriß der bis 1920 an dieser Stelle stehenden Fabrikanlagen der Fränkischen Schuhfabrik am 11. Oktober 1926 eröffnet. Das in einem ansprechenden modernen Gebäude untergebrachte Kaufhaus wurde aufgrund seines breiten und günstigen Angebots von der Bevölkerung sehr gut angenommen. Im Zuge der sogenannten „Arisierung" 1938, die in Nürnberg brutal durchgeführt wurde und auf besonders üble private Bereicherung hinauslief – der Gauleiter Streicher wurde u. a. deswegen von der Nazipartei seines Amtes enthoben – wurden die jüdischen Gebrüder Schocken ihres Eigentums beraubt und mußten emigrieren. 1943 wurde der Bau wie ein großer Teil der ihn umgebenden Häuser stark beschädigt.

Die Landgrabenstraße fotografiert nach Westen in Richtung Gugelstraße zu Beginn des Jahres 1944: Der Fotograf stand in Höhe der Christuskirche (rechts am Rand). Die linke Straßenseite wird von der langen Front der Siemens-Schuckert-Werke eingenommen, rechts nach der Einmündung der Schonerstraße das Schulgebäude Landgrabenstraße 99. 1892 war diese Schule unter dem Druck der steil in die Höhe schnellenden Schülerzahlen zur Ergänzung der gleichzeitig erweiterten Schule Wiesenstraße (erbaut 1876) errichtet worden. Beide Schulhäuser besaßen den gleichen Schulhof. Während des Krieges flüchteten die Schüler in den im Hintergrund rechts erkennbaren Hochbunker bei der Gugelstraße. Das Schulhaus Landgrabenstraße wurde am 2. Januar 1945 mit dem Ostflügel der Wiesenstraße zerstört und nicht wieder aufgebaut.

Blick in die Tafelfeldstraße am 19. Oktober 1944 in Höhe der Nummer 40 nach einem Bombenangriff. Die Südstadt im Bereich Steinbühls, Gibitzenhofs und Lichtenhofs war auch aufgrund der starken Industriekonzentration durch die Luftangriffe seit 1943 besonders stark betroffen und überdurchschnittlich stark zerstört. Die folgenden Aufnahmen des zerstörten Steinbühl sprechen für sich und bedürfen keines weiteren Kommentars außer den Aufnahmedaten. Wer die Bilder sieht, kann sich nur wundern über den Eintrag einer Dame in das Besucherbuch einer Ausstellung des Stadtarchivs zur Altstadt, wonach die alliierten Bomber doch besser „statt des schönen alten Nürnbergs" die Südstadt als Ziel hätten wählen sollen.

Landgrabenstraße mit Christuskirche 1945.

Tafelfeldstraße, Peter-Henlein-Straße 1945.

Tafelfeldstraße mit Christuskirche und Siemens-Bürogebäude, Juni 1950.

Landgrabenstraße nach Westen mit Schuckertwerken, Tafelfeldstraße, Christuskirche und Schulhaus Landgrabenstraße 99, 1947.

Über die Eilgutstraße hinweg wurden kurz vor dem Zweiten Weltkrieg mit dieser Aufnahme noch einmal die vor dem Fußgängertunnel zur Ziegelgasse liegenden letzten alten Häuschen in der Tafelhofstraße 19–27 aufgenommen. Im Eckhaus lebte die Bäckermeisterswitwe Heidingsfelder, daneben in Nr. 21 war das Wirtshaus Zwanziger. Und noch im letzten Haus vor dem Bahndamm in Richtung Südstadt konnte man einkehren. Tafelhof, 1811 noch ein stadtnahes Dorf mit 44 Gebäuden, gehörte nach dem Bahnhofsbau zu den am frühesten verstädterten dörflichen Bezirken vor den Mauern. Die in der Gründerzeit stark einsetzende Wohnbebauung wurde schon um die Jahrhundertwende und verstärkt nach 1945 im Wiederaufbau durch die Erstellung von Verwaltungs- und Geschäftsgebäuden ersetzt. So fielen nach 1880 die bis dahin rasch angestiegenen Bevölkerungszahlen. Heute hat Tafelhof, an das nur noch der Straßenname erinnert, als fast reiner Geschäftsbezirk weniger Einwohner als in seiner dörflichen Vergangenheit.

Die alte Dorfstraße von Galgenhof entlang floß der Fischbach, bis er im Jahr 1897 aus hygienischen Gründen kanalisiert wurde. Noch bis in das letzte Jahrzehnt des vergangenen Jahrhunderts verdienten die Galgenhofer Frauen ihr Geld in den entlang des Fischbachs eingerichteten Wäschereien in kleinen Häuschen, der sogenannten „Wäsch". Nach Hermann Rusam waren die Galgenhofer Männer, die fast nur in Bauberufen als Zimmerleute, Steinmetzen und Tüncher arbeiteten, durch die Winterpause auf diesen Zuverdienst angewiesen. Die Aufnahme aus dem Jahr 1912 zeigt eine Reihe der kleinen Wäscherhäuschen am Hummelsteiner Weg 9 am Eck zur Galgenhofstraße.

Dr. August Nagel fotografierte die beiden noch stehengebliebenen hinteren Häuschen der oberen Fotografie vor deren Abbruch im Mai 1938. Das schon 1825 eingemeindete Galgenhof nahm trotz der Bahnhofsnähe bei weitem keine so stürmische Entwicklung wie das Nachbardorf Steinbühl, sondern blieb in seinen Grenzen zwischen Bahnhof und Landgraben- bzw. Wölckernstraße im Norden und Süden, zwischen Ziegelgasse (Karl-Bröger-Straße) und Allersberger Straße im Westen und Osten eher ein industriell unterentwickeltes Wohn- und Mischviertel. Der Name rührt wohl von einem Bauernhof in der Nähe der alten Hinrichtungsstätte.

Die Allersberger Straße als der Beginn der alten Fernhandelsstraße in Richtung München und Brenner war teilweise noch bis in das letzte Jahrzehnt durch die kleinen Häuser aus Zeiten der frühen Industrialisierung geprägt. Die 1912 wohl von der heutigen Strauchstraße her aufgenommene Fotografie zeigt die die Grenze von Galgenhof bildenden kleinen Häuser gegenüber in der Allersberger Straße 48 – 44. Interessanterweise hat sich auf diesem vorgeschobenen Eck auch nach der Neugestaltung in den letzten Jahren (heutige Nummern 60, 62) eine ähnlich niedrige Bebauung, wenn auch in modernen Formen, erhalten. Allerdings hat die Zahl der Branntweinausschankstätten deutlich abgenommen.

Die Humboldtstraße und der Humboldtplatz haben glücklicherweise ihr im Jahrzehnt nach 1900 entstandenes bauliches Gesicht durch den Krieg gerettet. Vor der Eingemeindung von Lichtenhof im Jahr 1899 verlief die Stadtgrenze noch entlang der südlichen Straßenseite von Wölckern- bzw. Schweiggerstraße. Die 1914 entstandene Fotografie zeigt die damaligen typisch hohen Neubauten am Humboldtplatz 2–6. Den Aufnahmeanlaß gaben aber nicht die Gebäude wie sonst, wenn städtische Fotografen auszogen, sondern die neue Mütterberatungsstelle im mittleren Haus Nr. 4. Anscheinend mußten die jungen Mütter mit ihrem Nachwuchs bei den damaligen Geburtenzahlen Schlange stehen, vielleicht posierten sie aber auch nur für den Fotografen, der die neue Einrichtung ja irgendwie visualisieren mußte. Links davon im Haus Nr. 6 bestand die „Volkskaffeestube I mit einfacher Mittagskost", rechts bot das Küchenhaus jede Menge Waschgarnituren bestehend aus Wasserkanne und Schüssel für den modernen Neu-Nürnberger an.

Im April 1916 entstand eine ganze Fotoserie vom Lichtenhofer Schlößchen, einem der heute am besten erhaltenen Nürnberger Herrensitze. Seine jetzige Gestalt stammt aus der zweiten Hälfte des 16. Jahrhunderts, als es nach der Zerstörung im zweiten Markgrafenkrieg neu aufgebaut wurde. Die Aufnahmen zeigen sehr schön den auch als Petzenschlößchen bekannten Patriziersitz (nach der Familie Petz als den Besitzern seit 1583) inmitten der alten Bauernhäuser des 1358 erstmals erwähnten Dorfes Lichtenhof. Gleichzeitig wird auf den Fotos aber auch das Vordringen der großstädtischen Bebauung auf den bis 1900 noch fast unveränderten Dorfkern sichtbar. So ist bei dieser aus Nordwesten in Richtung Schloß über eine Gärtnerei hinweg fotografierten Aufnahme im Hintergrund die Häuserkette der Allersberger Straße bereits über die Gudrunstraße und die abzweigende Wodanstraße hinweg weiter nach Süden vorgedrungen. Bei dem rechts vom Schlößchen erkennbaren Gebäude mit dem gestuften Giebel handelt es sich um die Lichtenhofer Landwirtschaftsschule.

Dieser Blick nach Nordosten macht deutlich, wie dicht schon die Großstadt an das Schlößchen und den Ecksteinplatz an der Wirthstraße, den alten Lichtenhofer Dorfplatz, herangerückt ist. Im Hintergrund über dem Schloß erhebt sich der Turm der Herz-Jesus-Kirche, die 1902 als erster Kirchenneubau außerhalb der Altstadt für die stark gewachsene katholische Bevölkerung geweiht wurde. Das Schlößchen besaß, vor allem zum Schutz der Allersberger Straße, wie auch andere Herrensitze, eine wichtige Rolle im mittelalterlichen Verteidigungssystem der Stadt, die sich im ersten Markgrafenkrieg 1449/50 bewährte, im zweiten Krieg gegen Albrecht Alkibiades durch den Fortschritt in der Waffentechnik aber schon überholt war, was zur Zerstörung im Jahr 1552 führte. Historische Bedeutung erlangte Lichtenhof durch das befestigte Lager des Schwedenkönigs Gustav Adolf 1632 auf dem Gelände neben dem Schloß (mit einer Schanze im nördlichen Schloßgarten von Hummelstein). An diese Episode erinnern der Name und das Reiterstandbild an der Gustav-Adolf-Gedächtnis-Kirche.

1916 stand noch dieser Bauernhof südlich des Petzenschlößchens an der Hartmutstraße. Lichtenhof wurde, zur Gemeinde Gibitzenhof gehörend, 1899 nach Nürnberg „einverleibt", wie die Eingemeindung damals genannt wurde. Einen wesentlichen Impuls für die östlich der Allersberger Straße gelegenen Bereiche brachte die Bautätigkeit im Zusammenhang mit der Jubiläums-Landesgewerbe- und Industrieausstellung von 1906. Von Norden her drang die Bebauung entlang der Linie der heutigen Pillenreuther Straße (siehe Seite 190) nach Süden bis Neulichtenhof vor, wo an der Frankenstraße bereits um die Jahrhundertwende Wohnhäuser für die MAN- und Siemens-Beschäftigten entstanden waren.

Diese Fotografie entstand zu Beginn des Abrisses des alten Gebäudes der ehemaligen Landwirtschaftsschule Lichtenhof im Februar 1965. Heute steht hier als markanter Punkt an der Ecke der Allersberger- zur Gudrunstraße das Südbad. Das 1834 von Dr. Johann Jakob Weidenkeller und dem Industrie- und Kulturverein gegründete „Technisch-Ökonomische Armen-Knaben-Versorgungs- und Erziehungsinstitut" für arme Knaben und Waisen war im 19. Jahrhundert die bedeutendste Einrichtung in Lichtenhof. 1854, nach einem Besuch von König Max II., wurde das Internat zur Kreislandwirtschaftsschule erhoben. Damals wurden in Lichtenhof nicht nur eine eigene Pferdezucht betrieben, sondern auch Seidenraupen gezüchtet und Maulbeerbäume gepflanzt. Nachdem sich die landwirtschaftliche Fläche zur Jahrhundertwende in Lichtenhof immer mehr verkleinerte, wurde die Einrichtung 1911 nach Schafhof, später nach Triesdorf, verlagert.

Während das Lichtenhofer Schlößchen den Krieg glimpflich überstand, waren an der Gustav-Adolf-Gedächtniskirche erhebliche Schäden zu beklagen. Der weitgehende Wiederaufbau war erst 1955 abgeschlossen. Die obere Aufnahme aus dem Jahr 1948 zeigt hinter den Aufbauarbeiten an einem Nebengebäude des Petzenschlosses die Wiederherstellung des Südturmes der großen Kirche. Die evangelische Gemeinde von Lichtenhof trennte sich erst 1920 von der zu dieser Zeit über 50 000 Mitglieder zählenden Kirchengemeinde St. Peter, nachdem bereits 1910 ein Verein zum Bau einer eigenen Kirche in Lichtenhof gebildet worden war. Bis zum Bezug des Gemeindehauses in der Herwigstraße – das untere Foto zeigt die Grundsteinlegung im Jahre 1923 – fand der Gottesdienst in einer alten Militärbaracke statt. 1927 wurde dann der erste Spatenstich für die Gustav-Adolf-Gedächtniskirche getan, die im Jahre 1930 als eine der größten Nürnberger Kirchen mit 2400 Plätzen eingeweiht werden konnte. Das nach dem Entwurf des Architekten German Bestelmeyer entstandene mächtige Bauwerk ist eine gelungene Synthese von historischem romanischem Baustil mit moderner Formensprache und Interpretation.

Nur wenige hundert Meter vom Petzenschlößchen entfernt liegt der zweite Lichtenhofer Herrensitz, Schloß Hummelstein, hier in einer Aufnahme aus dem Jahr 1910. Den Namen trägt das gut erhaltene Schlößchen nach seinem ersten Besitzer, dem städtischen Juristen Dr. Nikolaus Hummel, dem die Stadt Nürnberg im Jahre 1484 „fünf Weiherlein" südlich von Lichtenhof vererbte und das Recht einräumte, einen festen Sitz zu bauen. Bereits 1502 wurde der Hummelstein von dem Ansbacher Markgrafen Kasimir niedergebrannt und 20 Jahre später neu errichtet. 1552 wurde das Herrenhaus erneut schwer beschädigt und erst um 1570 wieder aufgebaut. 1691 ging der Hummelstein in den Besitz des Nürnberger Gelehrten Dr. Michael Friedrich Lochner über, der dort einen der schönsten Hesperidengärten Nürnbergs mit der Zucht von Zitrusfrüchten anlegte. Nach einem Zwischenspiel als russisches Pulvermagazin im Jahr 1814, wurde der Hummelstein 1855 an Herrn Paul Howitz aus Rostock, Konsul der Niederlande, verkauft. Sein Grab befindet sich noch heute im Park des Schlößchens.

1925 erwarb die Stadt Schloß Hummelstein von den Howitzschen Erben. Nach schweren Kriegsschäden wurde der Herrensitz schon bis zum Oktober 1949 für Wohnzwecke wieder instand gesetzt. Das 1968 von der Nürnberger Fotofirma Bischof und Broel gefertigte Luftbild zeigt das Hummelsteiner Schlößchen in seiner durch Mehrfamilienhäuser geprägten Umgebung. Schön ist der Graben des ehemaligen Wasserschlosses auszumachen. Links oben verläuft die Pillenreuther Straße, darunter ist das Sperberschulhaus zu erkennen mit dem rechts daneben sich erstreckenden Schulgarten innerhalb des Schloßparks. Am rechten Bildrand sieht man die Glashäuser der früheren Gärtnerei Geier. In deren Verlängerung steht das seit dem 19. Jahrhundert bei den Nürnbergern als Ausflugsziel hochgeschätzte Wirtshaus „Hummelsteiner Park". Rechts unten schließt die Kleestraße das Areal ab, auf ihrer rechten Seite erheben sich die Wohnblocks der nach 1929 angelegten Postsiedlung.

Das Sperberschulhaus entstand ab 1913 als eines der letzten von den 22 zwischen 1900 und 1915 in Nürnberg gebauten großen Schulgebäuden. Auch hier machten die Kinderzahlen bereits 1911, kurz nach der Eröffnung der Schulhäuser Holzgartenstraße 1906 und am Lutherplatz 1907/08 die Planung des Neubaus in der Sperberstraße nötig. Baubeginn war im Juli 1913. Im November 1914 konnten die ersten Klassen in die Schule einziehen. 1943/44 wurde das Schulhaus bei mehreren Luftangriffen fast vollständig zerstört. Die Angriffe galten der nahen MAN, wo noch im Jahr 1944 monatlich mehr als 100 schwere Kampfpanzer „Panther" produziert wurden. 1945 war die Schule Unterkunft für Zwangsarbeiter aus Polen und der Sowjetunion. Ab 1945 wurde die Sperberschule als Notschule auch für die Kinder vom Lutherplatz mit Klassenstärken von 100 Schülern je Lehrer weiterbetrieben. Stufenweise wurde bis 1956 das Gebäude instandgesetzt. Das Foto vom April 1916 zeigt die schon wieder barfüßigen Kinder beim Verlassen ihrer neuen Schule.

Im Jahr 1925 wurde auf dem Areal des Hummelsteiner Schlößchens der Schulgarten des Sperberschulhauses als Nürnberger Musteranlage eröffnet. Die Kinder sollten durch eigenes Arbeiten an ihren Beeten und durch Lehrbeete ihre Kenntnisse erweitern. Auch der Schulgarten wurde ein Opfer des Krieges, konnte aber in den frühen fünfziger Jahren wieder eröffnet werden. Aus dieser Zeit stammt diese Fotografie. Inzwischen wurde der Schulgarten in eine naturnahe Anlage für das in einem Nebengebäude des Schlosses untergebrachte „Umweltpädagogische Zentrum“ der Stadt umgewandelt.

Nach dem schweren Luftangriff im März 1943 bot das 1906 eröffnete zweite Lichtenhofer Schulhaus am Lutherplatz dieses Bild. Die Kinder wurden auf andere Schulen verteilt. 1945 lebten in dem ruinösen Gebäude noch Fremdarbeiter und Obdachlose. Trotz der starken Schäden am Sperberschulhaus wanderten die eigentlich zum Lutherplatz gehörenden Kinder jeden Tag in die Sperberstraße. 1951 konnten dann die ersten 900 Kinder wieder in ihr instandgesetztes Schulgebäude, wenn auch noch lange Zeit im Schichtunterricht, zurückkehren. Heute befindet sich die Adam-Kraft-Realschule in dem großen Schulhaus. Nahe dem Anna-Park, dem in der Nachkriegszeit so unvergeßlichen zum Ruinen-Abenteuerspielplatz verwilderten Annagarten mit „Achter“, „Todesbahn“ im Winter, heißen Fußballschlachten und Mopedtouren im Sommer usw. (die Eingeweihten wissen, was gemeint ist).

Nach der Verlagerung der MAN an die Frankenstraße und der Eingemeindung Lichtenhofs 1899 begann der zügige Ausbau und die Bebauung der wichtigsten Nord-Süd-Verbindung aus Ziegelgasse (heute Karl-Brögerstraße), nach dem Kopernikusplatz Pillenreuther Straße, und der sie aufnehmenden Katzwangerstraße (heute Pillenreuther Straße). Unsere 1901 in Höhe der Kreuzung mit der Sperberstraße aufgenommene Sicht durch die Katzwangerstraße in Richtung MAN zeigt auf der rechten Seite die teilweise noch in der Fertigstellung befindlichen Neubauten. Die Arbeiter sind vermutlich gerade mit dem Kanalanschluß beschäftigt. Links die bereits kurz vor der Jahrhundertwende entstandenen Arbeiterwohnhäuser der MAN, heute Pillenreuther Straße 143– 149. In der Mitte im Hintergrund ist das Eingangshäuschen zum neuen Werk der MAN auszumachen.

An der Straße nach Regensburg entstand im 14. Jahrhundert mit dem „Siechgraben von St. Peter und Paul“ der vierte der Nürnberger Siechenkobel (Regensburger Straße 53, heute steht hier ein großer neuer Wohntrakt). Nach den historischen Quellen war die Einrichtung 1337 bereits vorhanden, 1389 wurde sie urkundlich erwähnt. Im Durchschnitt lebten in dem kleinen Spital etwa zwölf von Lepra befallene, aussätzige Personen und wurden versorgt. Das Schicksal dieser streng abgesonderten Menschen war traurig, doch gab es offenbar noch Schlimmeres, denn im späteren Mittelalter versuchten Bettler unter falscher Angabe dieser Krankheit in einem Siechkobel unterzukommen, um so versorgt zu sein. Die obere Aufnahme aus dem Kriegsjahr 1943 zeigt das alte Hauptgebäude des Siechenhauses. Im Hintergrund ist die von 1898–1901 erbaute Peterskirche zu erkennen. Das Foto unten entstand 1992, als nach dem Abriß des alten Wirtshauses „Zum Peter“, eine inzwischen durch die neue Bebauung schon wieder verschlossene Ansicht der alten Siechkobelkapelle St. Peter von der Regensburger Straße her gegeben war. Das Kirchlein wurde 1470 fertiggestellt.

Ferdinand Schmidt fertigte um 1875 die Fotografie der im Jahre 1872 an der Regensburger Straße 14 neu gebauten Fabrik der Firma F. G. Metzger, der damals noch selbständigen und seit 1598 bestehenden Lebkuchenfirma, die sich 1920 mit der noch älteren Nürnberger Firma Haeberlein zusammenschloß. Die bisherigen Räume der Firma Metzger in der Rathausgasse waren bei dem nach dem siegreichen Krieg 1870/71 folgenden wirtschaftlichen Aufschwung zu klein geworden, so daß an der Regensburger Straße eine neue Fabrik gebaut werden mußte. Offenbar förderte die Freude über den Sieg den Lebkuchenumsatz so sehr, daß die Fabrikgebäude im Jahre 1879 schon wieder erweitert werden mußten. In den guten Zeiten vor dem Ersten Weltkrieg arbeitete der Betrieb an der Regensburger Straße mit einem Personalstamm von durchschnittlich 300–400 Arbeitern und Angestellten, der sich vor Weihnachten alljährlich auf bis zu 600 erhöhte. Im Laufe eines Jahres wurden damals 50 000 Zentner an Nahrungsrohstoffen, darunter allein 20 Millionen Eier verarbeitet.

„Glockenhofstraße Nr. 58, abgebrochen im Jahre 1918“ steht als einzige Information auf dieser am 30. Juni 1912 entstandenen Fotografie. Ganz offenbar hatte in dem zu diesem Zeitpunkt bereits von neuen Mietshäusern umgebenen Häuschen (siehe nächste Seite) ein Büttner seine Werkstatt. Darauf weisen sowohl die teilweise sichtbare Inschrift oben als auch der mit seinem Werkzeug und einem Faß für den Fotografen posierende Mann hin. Das Stadtadreßbuch weist ihn aus als den Büttnermeister Möhrenschlager. Schön für den heutigen Betrachter sind die an der Holzwand vorne erkennbaren Kinderkritzeleien. Manchmal sind heute die Dinge, die der Fotograf gar nicht im Sucher hatte, interessanter als das ursprüngliche Motiv. Im Hintergrund ist mit Lupe eine Kohlenhandlung zu erkennen, auch so ein besonderer Geschäftstyp, der bis in die sechziger Jahre in fast allen Vierteln vorhanden war und inzwischen, ohne daß man es zunächst merkte, fast vollkommen verschwunden ist.

Das Foto zeigt nochmals das 1918 abgerissene Häuschen in der Glockenhofstraße 58 aus einer anderen Richtung. Im Hause wohnte auch, wie das gründliche Stadtadreßbuch angibt, eine Wagenwärtergehilfenwitwe. Deutlich wird die Umzingelung der inzwischen viel zu klein gewordenen Bauten der Vergangenheit durch die platzgreifende Vorstadt. St. Peter, das bereits 1825 nach Nürnberg eingemeindet wurde (Gleißhammer folgte erst 1899), besaß drei historische Siedlungskerne: Den Siechkobel St. Peter an der Regensburger Straße, den oberen Galgenhof und späteren Glockenhof sowie die Hadermühle an der Pegnitz südlich der Wöhrder Wiese. Um die beiden ersteren konzentrierte sich die städtische Bebauung, während die nahe der Hadermühle entstandene Marienvorstadt als geplanter Stadtteil eine eigene Entwicklung nahm. Wie auch unsere Fotos zeigen, wurden um die Jahrhundertwende die alten dörflichen Elemente in kurzer Zeit von der städtischen Bebauung überlagert.

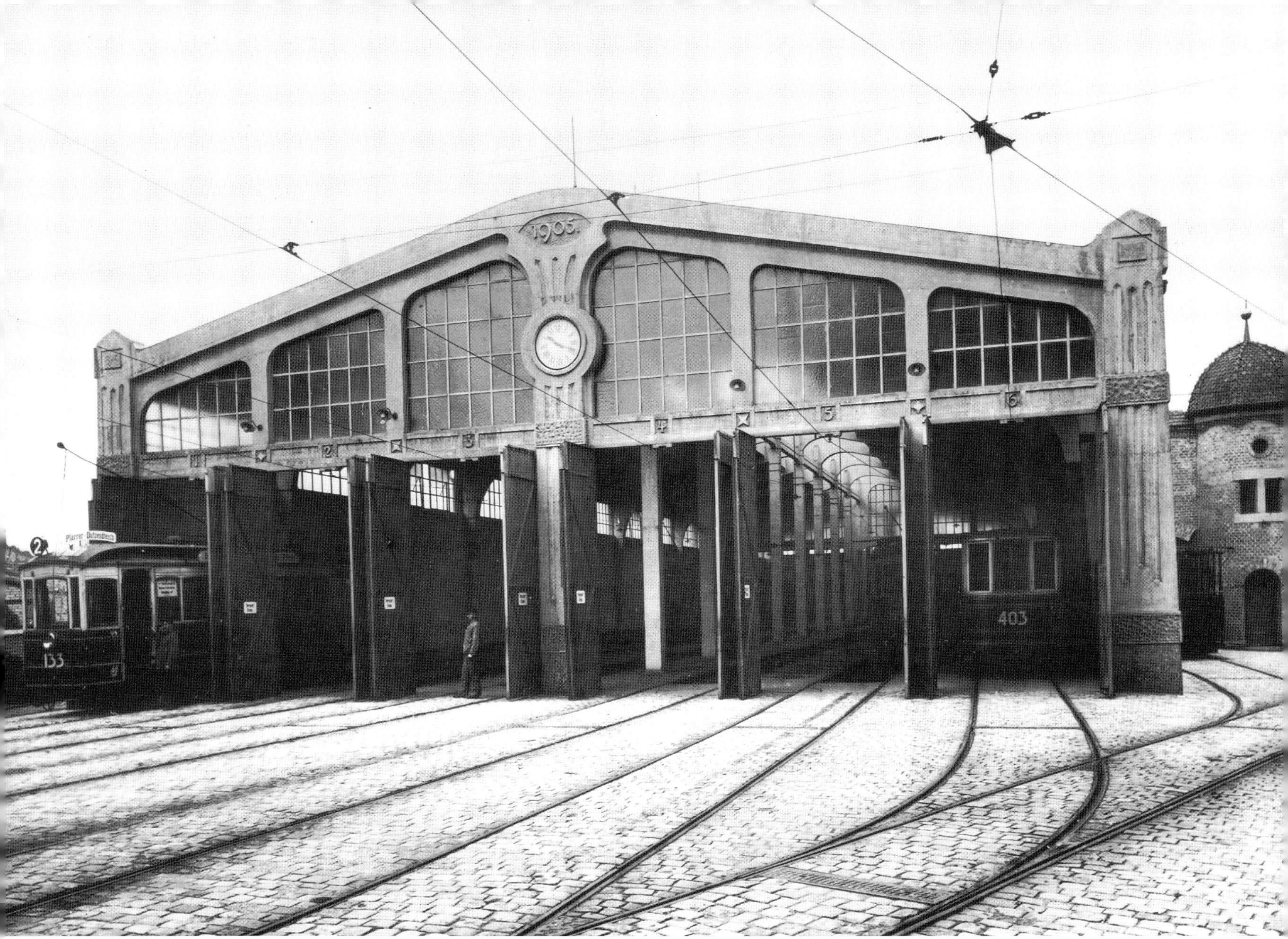

Am 1. Oktober 1888 wurde in der heutigen Schloßstraße das Straßenbahndepot von St. Peter eröffnet. Die damalige Einrichtung mit Ställen für 26 Pferde und 12 Wagen sollte das große Depot in der Fürther Straße (siehe Seite 112) entlasten und diente primär für die Linie zum Dutzendteich. Als diese Strecke bereits 1897 elektrifiziert wurde, fand ein Umbau der Pferdeställe statt. Durch den wachsenden Bedarf und vor allem auch im Blick auf die 1906 im Luitpoldhain stattfindende Landesausstellung entstand 1905/06 die abgebildete und von Ferdinand Schmidt fotografierte Halle in Jugendstilformen. 1943 wurde sie ein Opfer des Bombenkrieges. In dem bis 1950 in allen Teilen neu aufgebauten Depot mit Betriebshof, das bis in die siebziger Jahre verwendet wurde, sind seit 1982 die „Freunde der Nürnberg-Fürther Straßenbahn" eingezogen. Seit 1985 ist das Depot ein lebendiges Museum geworden mit historischen Fahrzeugen der Straßenbahn auch aus den Zeiten als Nürnberg Großstadt wurde.

Die um 1938 fotografierte Ansicht des Neptunbrunnens bei Nacht auf dem Marienplatz (heute Willy-Brandt-Platz) läßt erkennen, daß es sich damals tatsächlich noch um eine echte Platzanlage handelte. Allerdings war der Marienplatz selbst in den Planungen von Stadtbaurat Bernhard Solger zu Beginn der 1860er Jahre für die erste neu angelegte Nürnberger Vorstadt außerhalb der Mauern gar nicht vorgesehen, sondern entstand durch die Weigerung eines Grundstücksbesitzers, sein Eigentum abzutreten. Die 1867 dann entstehende Marienvorstadt, das „Langwasser des 19. Jahrhunderts", zeichnete sich durch rechtwinklig zueinander verlaufende, baumbestandene Straßen in niedriger, gemischter Bauweise aus. Heute ist davon durch die Kriegszerstörungen so gut wie nichts geblieben. Die von dem jüdischen Hopfengroßhändler Ludwig Gerngros im Jahre 1902 gestiftete Kopie des Neptunbrunnens kam, 1934 vom Hauptmarkt abgebaut, 1937 auf den Marienplatz. Von hier wanderte sie 1961 in den Stadtpark. Gegenüber dem Brunnen das angestrahlte Gebäude Marienplatz 3.

Dem Straßenbahndepot gleich gegenüber, in der Schloßstraße 2, stand das bereits vor der Nürnberg-Fürther Straßenbahn existierende Wirtshaus „Zur Stadt Neumarkt". Wie es heißt, sollen aber gerade die Straßenbahner dort noch vor den Trauergästen des angrenzenden Petersfriedhofs die besten Kunden gewesen sein. Dann gab es bis 1913 noch das alljährlich nur um den Friedhof herum auf der Peterhaide stattfindende Nürnberger Volksfest, eine ideale Lage also für eine Wirtschaft. Die Aufnahme entstand allerdings im traurigen Monat November des Jahres 1912, wo der Biergarten schon geschlossen war.

Wer heute hinter dem Dürrenhoftunnel in die dort abzweigende Straße Neubleiche schaut, kann sich nur mit viel Phantasie vorstellen, daß hier jahrhundertelang die verschiedensten Mühlen gearbeitet haben, angetrieben von einem bei Glockenhof entspringenden Bächlein, dem Siechgraben oder auch kleiner Fischbach. Er floß durch die heutige Schanzen- und Dürrenhofstraße und mündete beim Vogelsgarten gegenüber Wöhrd in die Pegnitz. Das Wässerlein war so klein, daß nur oberschlächtige Mühlräder seine Kraft umsetzen konnten, auch wenn ihm bisweilen Ableitungen des Fischbachs zu Hilfe kamen. Dazu kam der Ausfluß des Bleichweihers. Von 1602 datiert die erste Erwähnung einer Walkmühle, später ist auch die Rede von einem Silberhammer wie einer Farbholzmühle. 1835 wurde eine Gipsmühle eingerichtet, die um die Mitte des 19. Jahrhunderts an eine Familie Körner fiel. 1870 wurde nach Ableitungen des Siechgrabens zum Antrieb der Gipsmühle eine Dampfmaschine eingebaut. Erst im Jahre 1954 wurde die Gipsmühle stillgelegt. Die obere Aufnahme zeigt die Neubleiche an der Burgerstraße im Jahr 1942, rechts am Hang befindet sich die Gipsmühle. Sie ist im unteren Foto, ebenfalls von 1942, besser zu erkennen. Unter dem Vordach liegen die zum Mahlen bestimmten Steine.

Der Bleichweiher an der Neubleiche hieß auch Körnersweiher wie auf der Reproduktion einer Ansichtskarte der Jahrhundertwende zu lesen ist. Namensgeber war die die Gipsmühle der Neubleiche betreibende Familie Körner, die den Weiher auch besaß. Der Weiher erstreckte sich zwischen Schanzenstraße und Hinterer Cramersgasse und floß zur Neubleiche hin ab. Er war, wie man sieht, groß genug für eine flotte Kahnpartie. Daß das allerdings nicht so oft vorkam, deutet die zahlreiche Zuschauerschaft im Hintergrunde an. Möglicherweise handelt es sich bei den abgebildeten Kahnfahrern um die Familie Körner, möglicherweise auch um jenen Georg Körner, der durch das Ablassen des Weihers im Jahre 1905 auch dessen Verschwinden aus der Geschichte des Stadtteils Gleißhammer zu verantworten hat.

Mit den verschwundenen, aber auch mit den noch vorhandenen Weihern und Seen wie Pulversee (siehe Seite 38), Bleichweiher, dem an Gleißhammer grenzenden Wöhrder See, dem Zeltnerschloßweiher und vor allem auch dem Dutzendteich ist Gleißhammer mit Abstand Nürnbergs seenreichster Stadtteil. Dazu gehört natürlich auch die Tullnau, mit ihrem so schönen echt Nürnberger Namen (Dulln = hölzerne Wasserleitung, Abwasserschacht). Auch die Tullnau ist ein geschichtsträchtiger Boden: Mühlenbetrieb vom 15. bis ins 19. Jahrhundert mit Papierherstellung, zuletzt mit einer Flachsspinnerei, die im Jahr 1845 von einem Hochwasser des Goldbachs hinweggespült wurde. Das Gasthaus neben der ehemaligen Mühle entwickelte sich zum beliebten Nürnberger Ausflugsziel. 1865 entstand ein Dampfpumpwerk zur Nürnberger Wasserversorgung. Dreißig Jahre später richtete die Firma Schuckert in der Tullnau Nürnbergs erstes Elektrizitätswerk ein. Unser Foto aus dem Jahr 1911 zeigt rechts die ehemalige Mühle.

Inmitten des Zeltnerweihers liegt auch heute noch fast unverändert gegenüber dem Foto von etwa 1900 das Zeltnerschloß. Der Herrensitz entstand zum Schutz des schon im Jahr 1336 genannten Gleißhammers, am Ausfluß des hier aufgestauten Goldbachs. Auch dieser, 1370 erstmals erwähnte Patriziersitz erhielt sein heutiges Gesicht erst mit dem Neuaufbau im Jahr 1569 nach der Zerstörung im zweiten Markgrafenkrieg. Die Besitzer wechselten durch viele Familien des Nürnberger Patriziats, seinen heutigen Namen erhielt es nach dem Gründer der Ultramarinfabrik Johann Zeltner, der das Schloß 1845 nach den Zerstörungen infolge des mächtigen Hochwassers des Goldbachs käuflich erstand. Bei dieser Katastrophe wurde auch der Gleißhammer vollständig vernichtet. Der Bau der Eisenbahnlinie nach Regensburg trennte einerseits das Schloß von dem dazugehörenden Dorf, andererseits blieb das schöne Areal in seiner grünen Umgebung weitgehend unberührt. Die Nebengebäude werden heute von Vereinen und dem 1981 eingezogenen Kulturladen genutzt.

Das Scharrerschulhaus wurde im September 1909 eröffnet. Mit 44 Klassenräumen und zwei Turnhallen gehörte es damals zu den größten Nürnberger Schulneubauten für die rasch gewachsenen Arbeiterviertel in St. Peter und Gleißhammer. Damals reichte der Reichswald noch bis an das unmittelbar vor dem Schulhaus gelegene Ludwigsfeld (die alte Peterhaide). Auf dem früheren Exerziergelände fand 1833 das erste Nürnberger Volksfest statt. Von 1888 bis 1913 hatte es hier seinen Dauerstandort. Das Scharrerschulhaus wurde 1944 nach schweren Beschädigungen geschlossen. Ab 1945 wurde der Unterricht wieder notdürftig aufgenommen. Das Foto entstand während des Ersten Weltkriegs, als auf dem Ludwigsfeld ein riesiges Barackenlazarett errichtet worden war.

Nach dem Ersten Weltkrieg wurden die Baracken auf dem Ludwigsfeld als Wohnraum für Obdachlose genutzt. Während südlich der Regensburger Straße nach 1922 die Rosenhof-Siedlung gebaut wurde, blieb das Barackenlager bestehen. Im Volksmund erhielt die bis in die Zeit nach dem Zweiten Weltkrieg existierende Siedlung bald den Namen „Negerdorf". Schon 1921 wurde von Jesuitenpatres in einer Baracke eine katholische Notkirche eingerichtet. Im Juni 1935 konnte die neue Kirche St. Kunigund an der Lorschstraße geweiht werden. Bis 1957 wurde dann das Ludwigsfeld von verschiedenen Nürnberger Wohnungsbaugesellschaften vollständig überbaut. Die Ansichtskarte aus den zwanziger Jahren erinnert an das Engagement der katholischen Seelsorge in dem mehr als drei Jahrzehnte bestehenden sozialen Brennpunkt.

Ein weiteres Wasserschlößchen, das Haller Weiherhaus, stand bis zu seinem Untergang im letzten Krieg auf der Gemarkung von Gleißhammer. Zwischen Regensburger- und der heutigen Hainstraße gelegen, wurde das Herrensitzlein 1344 von den Waldstromern erbaut. 1492 kam es in den Besitz der Familie Haller von Hallerstein. Aus dieser Zeit (1497) stammt auch die farbige Zeichnung, die Albrecht Dürer von dem Weiherhaus fertigte. 1552 widerstand die in den Herrensitz gelegte Nürnberger Besatzung erfolgreich den Ansbacher Angreifern, so daß das Schlößchen als eines der wenigen der befestigten Sitze diese das Nürnberger Umland verheerende Auseinandersetzung relativ unbeschadet überstand. Nach 1655 wurde das Schloß baulich erweitert. In den letzten Jahrzehnten vor seiner Zerstörung diente es als Mietshaus. Wohl noch vor 1914 entstand unsere Aufnahme, auf der noch gut der Graben des umgebenden Weihers zu erkennen ist. Heute befinden sich auf dem Gelände die Werkstätten und Verkaufsräume verschiedener Autohändler.

„Eine Ära bayerischer Industriegeschichte geht zu Ende", könnte als Titel über diesen unmittelbar vor dem Abriß im Frühjahr 1959 entstandenen letzten Aufnahmen von den Gebäuden der Maschinenfabrik Wilhelm Späth stehen. Oben: Das Hauptgebäude an der damaligen Äußeren Wilhelm-Späth-Straße 175, der heutigen Schultheißallee, kurz vor der Einmündung in die Bayernstraße. Unten: Das noch als Wohnhaus genutzte Gebäude Bayernstraße 129. Ein sportlicher Kleinwagen der 50er Jahre. Johann Wilhelm Späth (1786 bis 1854), ein aus der Gunzenhausener Gegend stammender Mühlenbauer, baute das 1825 erworbene und seit dem 15. Jahrhundert bestehende Hammerwerk am Ausfluß des Fischbachs aus dem Dutzendteich zu einer mechanischen Werkstätte um. Daraus entstand, begünstigt durch große Aufträge für die Ludwigseisenbahn und für den Bau des Ludwigskanals, die erste Maschinenfabrik in Bayern. 1840 wurde die vom Dutzendteich gelieferte Wasserkraft durch eine Dampfmaschine ergänzt. Im Unterschied zur Klettschen Fabrik in Wöhrd verlegte sich das Unternehmen von Wilhelm Späth nicht auf die Massenfertigung, sondern blieb ein großer, auf die Einzelfertigung von Großprodukten angelegter Handwerksbetrieb. Der Niedergang der Firma kam nicht erst mit den Bomben des Zweiten Weltkriegs, die auch die alte Fabrik nicht aussparten, sondern bereits vorher durch die Nationalsozialisten, die die Fabrik in der Nähe ihrer Kundgebungen und Aufmärsche störte. Heute steht auf dem ehemaligen Werksgelände eine hochgeschossige Wohnanlage der Schultheißallee.

Als ein Beispiel für die gelungene Geschäftsreklame wurde das „Hamburger Spezial- und Delikatessen-Fischhaus“ von Christian Christiansen im Eckhaus Allersberger Straße 43 zur links abzweigenden Fischbachstraße (heute Strauchstraße) im September 1912 von einem städtischen Fotografen abgelichtet. Die Aufnahme überliefert uns die in diesem Abschnitt der Allersberger Straße auf der linken Straßenseite typischen Geschäftshäuser. Der Fischbach floß vor 1896 durch die Fischbachstraße zur gegenüberliegenden Galgenhofstraße. Bis spätestens 1906 wurde dann auch in der Südstadt sein Wasserlauf unterirdisch in die Kanalisation geführt. Heute wird der Bach am Martin-Behaim-Gymnasium verrohrt abgeleitet in Richtung Zeltnerweiher und Tullnau, die er beide durchfließt, dann erneut in einem Kanalrohr verschwindet, um unterhalb des Wöhrder Talüberganges wieder ans Tageslicht zu treten und als südlicher Pegnitzarm an der Hadermühle vorbei tatsächlich in die Pegnitz zu münden.

Wenn auch in der Gemarkung Gleißhammer gelegen, gilt das Schulhaus in der Holzgartenstraße 14 als das erste Lichtenhofer Schulhaus nach der Eingemeindung 1899. Notwendig geworden durch die rasche Besiedelung im Bereich von Forsthof, ersetzte das in den Jahren 1900–1902 erbaute Schulhaus zwei bereits provisorisch für den Unterricht genutzte Baracken. Der Neubau verfügte über 33 Schulzimmer, eine Schulküche, eine Turnhalle und ein Brausebad für die Schüler. Das stattliche Gebäude, hier in einer Fotografie aus dem Jahre 1916, kostete 465 000 Mark, wofür man heutzutage nicht einmal eine etwas bessere, aber ungleich kleinere Eigentumswohnung in der Gegend bekommt. Auch für dieses Schulhaus kam das Ende am 2. Januar 1945. Der 1945 in den Ruinen wieder begonnene Unterricht mußte bald wieder wegen Einsturzgefahr aufgegeben werden. Bis 1954 wurde ein Teil des Altbaues wiedererrichtet. Der weitere Ausbau des Holzgartenschulhauses folgte dann 1958/60 mit zwei weiteren, nun in moderneren Formen gestalteten Flügeln.

Auch der Dutzendteich zählt seit 1808 offiziell zu Gleißhammer und kam erst 1899 zum Nürnberger Stadtgebiet. Der Haussee der Nürnberger entstand wohl im ersten Drittel des 14. Jahrhunderts als künstliche Aufstauung des Langwassergrabens zur Wasser- und Energieversorgung der Reichsstadt. Dazu wurde 1496 der Fischbach durch den Weiher geleitet. Schon früh wurde er zum Ausflugsziel der Nürnberger. Bereits 1638 erhielt der Weihermeister das Schankrecht. Zu Beginn des 18. Jahrhunderts wurde ein vielbesuchtes Gasthaus gebaut, das dann im Jahr 1898 vom damaligen Besitzer des Hotels „Wittelsbach" und des „Apollotheaters", Zetlmeier, abgerissen wurde. An die Stelle baute er das auf diesem um 1900 entstandenen Foto von Ferdinand Schmidt präsentierte Luxusrestaurant an der Bayernstraße. Dabei verspekulierte sich der Nürnberger Hotelkönig, stürzte in den finanziellen Abgrund. 1933 starb er als mittelloser Wohlfahrtsempfänger.

Eine der Attraktionen der Bayerischen Jubiläums-„Landes-Gewerbe- und Industrieausstellung" von 1906 im dazu neu angelegten Luitpoldhain war ein bei der nordwestlichen Ecke in den Dutzendteich hineingebauter Leuchtturm. Mit einem elektrischen Aufzug versehen, fungierte er als Aussichtsturm und verlieh dem Nürnberger Binnengewässer ein gewisses Küstenflair. Bei Dunkelheit soll er den Liebespaaren auf der damals noch vorhandenen Dutzendteichinsel den richtigen Kurs gewiesen haben. Unsere Fotografie entstand 1930. Sechs Jahre später kam das Ende des beliebten Turmes und der Dutzendteichinsel wegen des Baus der Kongreßhalle.

Die Luftaufnahme aus dem Jahr 1954 gibt einen Überblick über den Dutzendteich: Links in der Mitte nach dem Knick der Bayernstraße liegt am Ausfluß des Fischbachs die Späthsche Maschinenfabrik. Das Gewässer wurde auch in die Baumaßnahmen der Nationalsozialisten für das Reichsparteitagsgelände einbezogen: Der westlich des Teiches unter Einbeziehung der Nummernweiher 1912 eröffnete alte Tiergarten wurde geschlossen und zog 1939 um an den Schmausenbuck. 1935 war die Grundsteinlegung für den Bau der Kongreßhalle, die die damals in der Luitpoldhalle des Luitpoldhains stattfindenden NS-Parteiversammlungen aufnehmen sollte. Das als Bautorso stehengebliebene Gebäude hat das Dritte Reich – Ironie der Geschichte – unzerstört überstanden, während die Nürnberger Altstadt fast vollständig zu Schutt und Asche gebombt war. Zum Jahr 2000 soll 55 Jahre nach dem Ende der kürzesten, aber zerstörerischsten Phase der Nürnberger Geschichte ein Dokumentationszentrum über diese Zeit in den öden Granitbau einziehen.

Zwischen 1889 und 1895 fotografierte ein Herr Dr. Glockner aus Braunschweig von der wegen ihrer Aussicht berühmten Höhe des Platnersberges diesen Blick auf die gegenüberliegende Pegnitzseite nach Mögeldorf. Auf der Anhöhe links ist der Schmausenbuck mit seinem bereits 1888 errichteten neuen Aussichtsturm zu erkennen. Als Mögeldorf 1899 nach Nürnberg eingemeindet wurde, konnte der „neue" Stadtteil schon auf eine fast tausendjährige Vergangenheit zurückblicken und war damit älter als die ihn aufnehmende Stadt. Die erste Erwähnung von „Megelendorf" findet sich in einer Urkunde vom 6. Mai 1025, die der deutsche König Konrad II. an diesem, wohl schon gut ausgebauten Ort ausgestellt hat. Wahrscheinlich war auf dem Kirchberg zum Schutz der Pegnitzfurt ein befestigter Amtshof entstanden, in dem der König auf einer Reise von Bamberg nach Regensburg Station gemacht hat. Bestätigt wird diese Annahme durch eine zweite, fünf Jahre später am gleichen Ort ausgefertigte Urkunde von Konrad II.

Mögeldorf besaß schon seit 1566 ein eigenes, hinter der evangelischen Kirche gelegenes Schulhaus. Bei dem nach der Mitte des 19. Jahrhunderts ansteigenden Einwohnerwachstum mußte 1881/82 an der Ziegenstraße 31 ein neues Schulhaus errichtet werden, das sich bald als zu klein erwies. 1914 entstand dann der Neubau an der Thusneldastraße 5. Das großzügige Gebäude besaß 30 Klassenzimmer, die aber zunächst nicht mit Kindern, sondern mit Rekruten für den ausgebrochenen Ersten Weltkrieg belegt wurden, dann als Räume eines Reservelazaretts dienten. Die Kinder zogen erst nach dem Ende des Krieges ein. Das Schulhaus wurde im nächsten Krieg durch Bomben und in den letzten Kämpfen um Nürnberg noch durch Artilleriebeschuß stark beschädigt. Die Aufnahme entstand um 1927 nach dem Bau der St.-Karl-Boromäus-Kirche, die gegenüber dem Schulhaus fast wie ein Spielzeug erscheint. In ihrer modernen Interpretation des romanischen Baustils gehört sie vor allem in ihrer Innengestaltung zu den interessanten Kirchenneubauten dieses Jahrhunderts in Nürnberg.

Hoch über der Pegnitzterrasse stand bis 1972 das Doktorsschlößchen, einer der sieben Herrensitze in Mögeldorf in der Mögeldorfer Hauptstraße 31–37. Schon 1352 erwähnt, wurde es wie andere Herrensitze im zweiten Markgrafenkrieg 1552 abgebrannt. Nach 1553 wurde das Schloß wieder aufgebaut, wahrscheinlich von den Holzschuhern. 1835 kam der bis dahin in patrizischem Eigentum befindliche Herrensitz an den Landarzt Dr. Eckstein und hieß fortan das Doktorsschlößchen. Was die Bomben im Zweiten Weltkrieg nicht schafften, gelang dem profitablen Fortschritt und der Abrißwut der Nachkriegszeit. Im Jahr 1972 wurde das Schlößchen mit seinen Nebengebäuden abgerissen für den Bau einer inzwischen auch schon angewitterten Wohnanlage. Aufnahme: 1956.

1916 fotografierte ein städtischer Fotograf die Osbergersche Wirtschaft in der Mögeldorfer Hauptstraße 47, heute besser bekannt unter dem Namen „Doktorshof", der sich vom nahegelegenen Doktorsschlößchen ableitet. In dem alten Haus soll sich im 18. Jahrhundert eine Branntweinbrennerei befunden haben, ehe es nach 1769 als Metzgerei diente, der dann 1874 eine Wirtschaft angegliedert wurde. Während das Erdgeschoß nach 1892 nur noch als Gasthaus genutzt wurde, waren die oberen Räume vermietet. Auch auf diesem im April aufgenommenen Foto ist bereits wieder ein Teil der Kinder barfüßig, während andere noch lange Strümpfe und Schuhe tragen. Die Botschaft solcher Informationen ist also weniger nostalgisch, sondern zeigt ein Stückchen sozialer Wirklichkeit.

Zu den ganz großen Verlusten in Mögeldorf durch den Zweiten Weltkrieg gehört das schon für die Mitte des 14. Jahrhunderts nachgewiesene Gasthaus „Zum Ritter St. Georg", an dessen Stelle heute in der Laufamholzstraße 2 ein Nachkriegsneubau steht. Das bis zu seiner Zerstörung größte Mögeldorfer Wirtshaus verfügte über ein Nebengebäude, das den Krieg überstand und erst 1967 abgerissen wurde. Die von Dr. August Nagel, einem besonderen Kenner der Nürnberger Herrensitze, im Jahr 1931 gefertigte Aufnahme zeigt das damals noch leidlich intakte Gebäude, das, wie unschwer zu erkennen, schon bessere Tage gesehen hatte. Die Nagelsche Aufnahme benennt das Gebäude als Schadelockschen Herrensitz. Das 1590 zu einem Schlößchen ausgebaute Haus wurde lange Zeit zur Unterbringung der vornehmeren Gäste des Wirtshauses „Ritter St. Georg" genutzt.

In der nördlichen Schmausenbuckstraße, etwa im Bereich des Durchbruches der Ostendstraße, stand um 1900 diese niedrige Häuserreihe der Nummern 6 – 10. Das vordere helle Haus Nr. 10 hebt sich durch die mit den Stadtfarben beschilderten Fensterläden hervor. Das Gebäude im Besitz der Stadt Nürnberg, war eine der damals 22 nahe der Stadtgrenzen mit amtlichen Gefälleinnehmern besetzten „Gefällstellen". Sie erhoben die Gefälle, das waren Pflasterzoll und Aufschläge für besondere, nach Nürnberg ein- oder ausgeführte Produkte wie Getreide, Mehl, Bier oder Fleisch, die teilweise noch aus der Reichsstadtzeit herrührten. Die Einnahmen wurden zum Teil zweckgebunden für bestimmte Aufgaben wie Straßenpflasterung oder auch wie der Malzzuschlag für den Schulhausneubau verwendet.

Als der zweitälteste Mögeldorfer Herrensitz gilt das Baderschloß in der Mögeldorfer Hauptstraße 55, das als Bauernhof schon für die Mitte des 14. Jahrhunderts im Besitz der Nürnberger Familie Groß genannt wird. Nach der Zerstörung im Markgrafenkrieg 1552 erfolgte 1579 der Wiederaufbau. Nach 1685 erhielten die beiden zur Pegnitz und zur Hauptstraße gelegenen Flügel mit der ehemaligen Stallung als Verbindungstrakt ihr barockes Gesicht, das nach der Renovierung heute wieder eine Zierde von Mögeldorf darstellt. In dem Anwesen befand sich nach 1736 eine Uhrenfabrikation. Von 1810 – 1836 gehörte es dem Mögeldorfer Bader Eberhard Leopold, und erhielt von diesem Zwischenspiel in dem häufigen Besitzerwechsel seinen heutigen Namen. Dr. August Nagel, ein unermüdlicher Fotograf bis zu seinem Tode im Jahr 1959, hielt 1956 diesen Blick von der Mögeldorfer Hauptstraße in den Hof mit den unter der aufgehängten Wäsche spielenden Kindern fest.

Auch dieser Blick zum Mögeldorfer Kirchberg aus dem Jahr 1936 stammt aus dem Nagelschen Denkmalsarchiv. Imposant und den wehrhaften Charakter des Bauensembles hervorhebend steht das ehemalige Hallerschloß im Zentrum dieser vom Fuß des Kirchbergs unmittelbar östlich der Satzingermühle her aufgenommenen Fotografie. Links die evangelische St.-Nikolaus- und St.-Ulrichs-Kirche, rechts der an der Stelle einer Scheune des Hallerschlosses 1686 entstandene Imhoffbau. Das Hallerschloß steht auf der Urzelle von Mögeldorf, dem um 1025 wohl schon entstandenen Wehrbau. An der Westwand des Schlößchens sind noch heute die Reste eines Vorgängerbaues als Teil einer Burganlage vorhanden. Die von 1414 bis 1416 in ihrer heutigen Gestalt erbaute Kirche, Nikolaus von Myra und dem heiligen Ulrich von Augsburg geweiht, entstand als Nachfolgebau einer Burgkapelle, die sich im Chor der Kirche erhalten hat.

Dem Journalisten und hervorragenden Fotografen Eugen Kusch, Autor des in der Nachkriegszeit in vielen Auflagen erschienenen Buches „Nürnberg, Lebensbild einer Stadt“, verdanken wir diesen, wahrscheinlich in den frühen fünfziger Jahren als Foto festgehaltenen Blick zur Mögeldorfer Pfarrkirche aus dem Garten des ehemaligen Linkschen Schlosses. Die auf dem Bild eingefangene Frühlingsstimmung in einem der schönsten Nürnberger Barockgärten, zeigt einmal mehr den Reiz des historischen Kerns von Mögeldorf, das trotz aller Zerstörungen sich auf besondere Weise sein Gesicht erhalten konnte – abseits des die Ostendstraße an unsensiblen Neubauten vorbeibrausenden Verkehrs.

Mit diesem Blick von der Mögeldorfer St.-Nikolaus- und St.-Ulrich-Kirche über das ehemalige Hallerschloß und den hohen Giebel der Satzingermühle hinweg über das Pegnitztal zur im Hintergrund liegenden Nürnberger Altstadt endet unsere fotografische Tour durch die Nürnberger Vorstädte. Die Fotografie entstand 1938, wenige Jahre vor der dann über die Stadt hereinbrechenden Katastrophe. Auf der Erlenstegener Seite hat die Bebauung mit Wohnhäusern und Fabriken schon die Höhe von Mögeldorf erreicht. Am linken Horizont ist die weite Ausdehnung der Südstadt zu erkennen. Um so nachhaltiger streift der Blick zurück und orientiert sich an den ganz in der Ferne liegenden Türmen des historischen Panoramas des alten Nürnberg.